邮票图说

奥林匹克运动

王泰来　编著

科学普及出版社
·北　京·

图书在版编目（CIP）数据

邮票图说奥林匹克运动／王泰来编著 .—北京: 科学普及出版社，
2008.1

ISBN 978-7-110-06695-9

Ⅰ．邮… Ⅱ．王… Ⅲ．①奥运会－邮票－世界②奥运会－普及
读物 Ⅳ.G894.1 G811.21-49

中国版本图书馆 CIP 数据核字 (2007) 第 182942 号

自 2006 年 4 月起本社图书封面均贴有防伪标志，未贴防伪标志的
为盗版图书。

科学普及出版社出版
北京市海淀区中关村南大街 16 号 邮政编码：100081
电话：010-62103210 传真：010-62183872
http://www.kjpbooks.com.cn
科学普及出版社发行部发行
北京凯鑫彩色印刷有限公司印刷
*
开本：787 毫米 x1092 毫米 1/16 印张：13.25 字数：200 千字
2008 年 1 月第 1 版 2009 年 1 月第 2 次印刷
印数 3001-6000 册 定价：43.00 元
ISBN 978-7-110-06695-9/G・2974

（凡购买本社的图书，如有缺页、倒页、
脱页者，本社发行部负责调换）

自 序

1896 年，集邮者难忘的年头。

这一年，希腊在雅典举办了第 1 届现代奥运会并发行了 1 套纪念邮票。这套印制比较粗糙的邮票，竟如一粒种子，很快传遍世界，培育了不同民族的和平情结。

历史就这样翻开了新的一页，世界上几乎所有的国家和地区都发行过奥林匹克邮票。数以万计的各国邮票设计家，以不同的思考、不同的表现手法、不同的印制工艺，镌刻出不同艺术风格的奥林匹克邮票。粗粗算来，世界各国发行的奥林匹克邮票已达上万种。

———

本书就为这 110 年的奥运历史而作，为这上万种奥运邮票而写。

我们若将林林总总的奥运邮票码放整齐，就会发现，它们就像农民耙好的田地，一方一方，一块一块，从远至近，从糙到细，错落有致。每一枚邮票都有一个故事，每一个故事都娓娓地陈述着过去的辉煌。

1896 年希腊的奥运会纪念邮票，再现了古希腊奥运会的盛景，就从那时起，展示人类体育运动的历史就成为邮票设计家偏爱的题材。古罗马、古玛雅、古埃及、古波斯以及古代中国的有关体育运动的绘画、雕塑、建筑，都被设计家尽情采撷。不夸张地说，这类邮票

展示的题材内容，足够形成一道绵延数千年人类竞技活动的历史画廊。

如果说，展示人类体育运动历史体现了设计家的纵向思维的话，那么，更多的奥林匹克邮票则在表现竞赛项目这些个横向的点。在 1 万多枚奥运邮票中，这个内容似乎难脱窠臼，但邮票设计家以弘扬本民族文化的艺术手法，避免了画面的雷同。有的将比赛实景照片略作改动搬上邮票，有的以具象写实或传统手法描绘各种运动竞技场面；在 20 世纪新流派艺术的影响下，抽象、夸张的表现手法也应用在邮票设计上，设计家以出人意料的画面展示了奥林匹克富于人文意义的竞技细节。

比赛设施也成为设计家关注的焦点。为适应现代奥运会的比赛规模，新建体育场馆、改造城市环境成为主办国必作的筹备。这些现代化的雄伟的体育设施，还有彰显民族文化的会徽、吉祥物、奥运圣火传递、金牌选手的纪录、盛大的开幕式和闭幕式场面等，都被设计家从不同文化背景、不同审美角度移植进奥林匹克邮票。

艺术的探究是无穷尽的。奥林匹克邮票的多种承印材质增加了它所带给人们的贵重感和新奇感，设计家巧妙地以各种几何形和非几何形的邮票形状，去激发人们的收集趣味。奥林匹克邮票所表现的已不是体育比赛层面的描绘，而是在内容、形式、发行手段等诸多方面，所形成的多元化美学体系。

与奥运会相辅相成的现代邮政，俟奥运会之机缘，各国邮政机构往往在纪念邮票发行之日，印制首日封，刻制首日戳或在奥运期间启用纪念邮戳。许多国家的邮政部门还发行了纪念奥运会的邮资信封、明信片、邮简，在奥运场馆设立临时邮局，为广大邮政用户和集邮者服务。

在第 1 套奥林匹克体育邮票问世之时，欧美的集邮活动已经非常盛行，人们的收集目光很快转到这新鲜的奥林匹克题材上。一代代奥林匹克集邮者像传递的奥运圣火那样生生不息，把 100 多年的奥林匹克邮政文化遗产保存下来。在时任国际奥委会主席萨马兰奇的倡议下，从 1985 年起，大规模的国际奥林匹克集邮展览与奥运会同时举行。邮展推动了奥林匹克体育集邮在世界范围内蓬勃发展，奥林匹克专题集邮者与日俱增。

二

1955 年，我国为参加第 16 届奥运会的运动员进行全国范围的选拔赛，笔者观看了当时的体操、田径名将鲍乃健、姜玉民、石宝珠等人的比赛场景，心情激荡。从此，竟一下子迷上了体育邮票，那年我 12 岁。

那个年代，中国门开一面，只迎东方吹来的风。中国集邮公司仅出售苏联及东欧诸国的部分邮票，不能满足集邮者所需。我上了中学，开始与苏联、匈牙利、捷克斯洛伐克以及日本的集邮者交换奥林匹克体育邮票。到 1965 年，"集腋成裘"，已小具规模。我的集邮册里，基本集齐了苏联、东欧各国及日本的奥林匹克体育邮票，甚至还有少量的西方国家的奥运邮票。在小小少年的心里，最珍爱的是希腊 1896 年的那套邮票。

我开始琢磨邮票知识是 1961 年第 26 届北京世界乒乓球锦标赛之际。1961年 3 月 17 日《北京晚报》上发表了我介绍乒乓球的文章，那时我首次将世界第一枚乒乓球邮票和第一枚纪念世乒赛的邮票考证出来，公诸于世。是年我 18 岁。

路，九曲十三弯。我们的命运是历史的惯势，谁也不能改变历史。在"文化大革命"中，我历时 10 年收集的千枚邮票灰飞烟灭。好在年轻人悉心珍藏的梦还在，当白灾黑灾都过去，人就恢复成了他本真的样子。

中国集邮界迎来了春天，奥林匹克集邮也迎来了春天。

1978 年 4 月，《体育报》国际版以近半版的幅面刊登了拙文《世界体育邮票简介》，这是"文化大革命"后第一篇国家级报纸介绍外国体育邮票的文章，敏感的集邮者预感到奥林匹克体育集邮要复兴了。此后我陆续在该报发表十余篇介绍奥林匹克体育邮票的文章，直到《集邮》杂志复刊。

1984 年，第 23 届洛杉矶奥运会举办之际，我与集邮家朱祖威、林轩合作出版了《奥林匹克体育邮票集锦》一书，这是我国第一本专门介绍奥林匹克邮票的图书。

1987 年我的邮集《更高、更快、更强——田径运动》，参加了罗马世界奥林匹克邮票展览。

当全国人民以势不可挡的热情迎接 2008 年第 29 届北京奥运会之际，笔者想在力所能及的范围内贡献绵薄之力，于是有了这本书。

三

本书为各个层次水平的奥林匹克集邮者而作。

全书以历届奥运会主办国发行的邮票为主线，按照时序，对历届邮票作概要评析，包括邮票选材、票图设计形式、承印工艺及材质、发行手段等；对非主办国发行的邮票，则选择有代表性或是设计有特色的加以简要介绍。这部分内容对初级水平奥林匹克集邮者可能有所帮助。

当代的奥林匹克专题集邮的收集范围是多元的，除了收集邮票之外，一般来说还要收集相关的信封、明信片、邮简、纪念邮戳。本书在行文、配图中撷选了主办国的知名封片简戳，作为资料提供给读者，这样使本书的读者层扩大到中级水平的奥林匹克集邮者。

第二次世界大战以前奥运会主办国和非主办国的封片简戳已存世不多，这些高档邮品之中，有的已属珍邮之列。本书在阐述早期奥运会的邮品时，辑入一些早期的封片戳，并标注国内外市场价格，可供奥林匹克专题集邮工作者与集邮家参考。

还需要说明的是，本书在介绍每届奥运会纪念邮票时，均依照时间顺序叙述，但有些追记金牌获得者的邮票是在当届奥运会闭幕后数年、甚至数十年之后才发行的，在时间上无法与当届奥运会吻合。本书在阐述这部分内容时，打破了金牌邮票发行滞后的时间差，把金牌选手邮票与其获奖的该届奥运会邮票连缀介绍。这种借鉴编组专题邮集的方法，不仅在内容上增加了本书的严谨性，而且对编组奥林匹克邮集的集邮者来说，提供了方便。

本书成册时间较短，恐有欠缺及有误之处，敬请读者匡正。

本书在写作过程中，与笔者合作著书立说30多年的集邮家朱祖威不遗余力地给予了帮助；此外，德国的 Hans Zmmermann 先生、张爱华女士、加拿大曾士奇先生、苏州袁云华先生也都给予了鼎力支持，在此一并致谢！

王泰来

丁亥孟秋于北京

目录

百年奥林匹克邮票回顾

　　从 1896 年希腊的第 1 届奥运会纪念邮票起，奥林匹克主题就被永恒地拴系进方寸领域。100 多年来，奥运会主办国发行邮票已成惯势，集邮者的收集取向也以主办国的邮票为主线。

　　这是人类现代历史上最艰难的一个世纪。两次骤起的世界大战烽烟，向奥林匹克的和平精神发起了迅猛冲击。尽管这样，奥林匹克不曾衰败，从 1896 年第 1 届到 2004 年的第 28 届奥运会，共举办了 25 届，第 6、12、13 届因两次世界大战未能举行，按照古代奥运会的旧制，因故未举行的奥运会届次照算，所以到 2004 年的雅典奥运计为 28 届。在举办的 25 届当中，美国办了 3 届，希腊、法国、英国、德国、澳大利亚各 2 届，瑞典、比利时、荷兰、芬兰、意大利、日本、墨西哥、加拿大、苏联、韩国、西班牙等国各办 1 届。在第一次世界大战前的第 2 届到第 5 届的主办国均未发行邮票，主办国邮票的欠缺这一无可弥补的空白，在奥林匹克邮票史上留下了令人扼腕的损失。从 1896 年到 2004 年，共有 16 个主办国为奥运会发行了纪念邮票，总计为 444 枚，小型张 85 枚，这还不包括封片简戳邮品。对集邮者来说，谁要想把这些数字拼齐，把所有邮品找齐，恐怕就像穿越 100 年时空去索取历史遗物般艰难。

　　奥运会主办国发行邮票，已经成为众望所归的惯例。但人们对奥林匹克的热情，超越了惯例。1924 年在巴黎举办的第 8 届奥运会上，乌拉圭足球队荣获冠军，乌拉圭特发行 1 套邮票以资纪念，自此开创了非主办国发行奥运邮票的先河。

截至目前，非主办国发行的邮票已达 1 万多枚，这个数字体现了"重在参与"的奥林匹克精神，另一方面也说明奥林匹克题材成为国际性的邮品开发资源，甚至一些没有参加奥运会竞赛的国家（或地区）也发行了邮票。

古代奥运会悠久的历史和现代奥运会辉煌的业绩，以其国际性的巨大影响力激励着各国邮政业策划奥林匹克邮票的发行，几代邮票设计家的沥心呕血，造就了宏伟壮观的奥林匹克邮票大系。

邮票设计家将主题贴近了奥林匹克"相互了解"的人本思想。一位位光芒四射的奥运人物成为画面主角，这里有我们熟悉的为奥林匹克复兴竭尽毕生精力的现代奥运会创始人顾拜旦（图1.1），有为奥林匹克发展矢志不渝的前奥委会主席萨马兰奇（图1.2）；还有无数创造了奥运会项目奇迹的英雄运动员，他们是：努米尔、欧文斯、科马内奇……1953 年，法国为追记在第 15 届赫尔辛基奥运会获奖的运动员，特发行了 1 套 6 枚的邮票。图 1.3 为男子 400 米自由泳金牌得主布瓦特，这是世界上第一套颂扬、纪念奥运明星邮票。此后，许多奥运奖牌得主从领奖台走下后又登上邮票这个"方寸舞台"亮相，邮票不仅将他们的荣誉传遍全球，而且弘扬了奥林匹克伟人的人文精神。

图1.1

图1.2

图1.3

图1.4

图1.5

图1.6

图1.7

　　奥运邮票图案的取材也成为邮票设计家关注的焦点。随着历届奥运会比赛项目的增加，邮票图案也日渐出新，每有新项纳入，邮票图案就必有表现。1988年汉城（首尔）奥运会新增乒乓球项目，韩国、比利时当即将乒乓球项目搬上了邮票（图1.4）。据统计，几乎所有的

图1.8

竞赛项目都上过邮票。比赛的激烈场面、运动员优美的姿态都在邮票上定格，图1.5、图1.6、图1.7是匈牙利、圣马利诺、苏联的奥运邮票，每枚邮票都是运动员活灵活现的特写照片，都是设计家风采各异的传世之作，就是这成千上万枚邮票合成了奥林匹克激烈竞赛的大全景。

　　主办国的比赛场馆或城市建筑同样成为邮票设计家的取材。德国巴伐利亚豪华的王宫（图1.8）、蒙特利尔奥林匹克体育场（图1.9）、伊萨基辅大教堂（图1.10）。在这里，我们可以寻找到各种民族的建筑文化，可以感受到人类建筑文明的峰巅。

　　邮票设计家还将不同民

图1.9

图1.10

族文化、不同审美观的艺术思考，倾注在邮票画面上：写实的手法把运动员的竞争描绘得惟妙惟肖（图1.11）；写意的邮票图案意境深邃让人回味（图1.12）；抽象变形的画面展示出另类的美学境界（图1.13、图1.14）；图1.15突尼斯邮票，图1.16阿尔及利亚邮票均散发着浓郁的伊斯兰艺术风采……

奥林匹克邮票的国际性、题材的广泛性，让体育素材的绘画、雕塑、文物入选邮票图亦属必然。古希腊的瓶画再现了古代奥运会的竞赛场面，这是表现奥林匹克历史最贴切的素材，许多奥运邮票撷选瓶画上的人物造型（图1.17、图1.18），再现古代奥运会的万种风情。古代和现代优秀的雕塑作品也多被邮票选中，图1.19是萨尔地区1956年的奥运邮票，票面上的雕塑作品《年轻的胜利者》，塑像充溢着青春和力量的美。还有一些素材，诸如点燃圣火、火炬传递、开幕式入场、闭幕式场面（图1.20）、奥委会

图1.11

图1.12

图1.13

图1.14

图1.15

图1.16

纪念年、奥运会会徽、吉祥物、邮展以及象征性的图案尽显奥运的方寸纸上。

　　奥林匹克邮票的形式多种多样。除小型张外还有小版张、小本票、卷筒票、ATM 机打印的电子邮票（图1.21）、不干胶自贴票等形式。票形除矩形之外，还有菱形、正菱形、三角形、圆形、平行四边形以及非

图1.17

图1.18

图1.19

图1.20

几何形的异形邮票（图1.22、图1.23）。奥运邮票大多用纸材印制，朝鲜曾发行过用塑料片压制的立体邮票（图1.24）。有的国家不惜高成本，印制发行了贵重的金箔邮票（图1.25），闪闪的金光在奥林匹克邮票中熠熠生辉。

　　奥林匹克邮票的印制是与印刷技术的发展

图1.21

图1.22

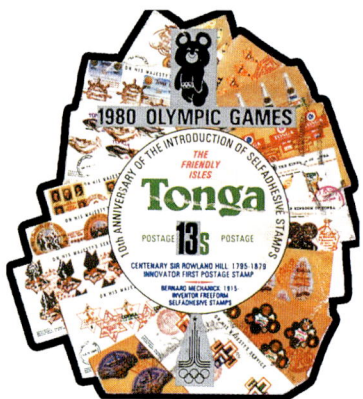

图1.23

而俱进的。1896年第一套纪念奥运会的邮票是用古老的凸版印刷的。这套邮票的色彩暗淡，泛黄的陈旧感道出了印刷技术的局限。用雕刻凹版印刷的奥运邮票效果就好多了，尤其是法国用一个雕刻凹版多色印刷的邮票，线条精细有力度，色彩匀实浓郁，堪称邮票印刷技术的一绝。影写版、胶版邮票色彩丰富，20世纪60年代以后的奥运邮票大多是用胶版印刷的。20世纪50年代印刷技术发展使雕刻凹版和影写版或胶版组合印制的奥运邮票成为现实，邮票的画面既有雕刻版刚劲流畅的线条，又显出影写版或胶版色彩层次，为奥运邮票增添了特有的印刷工艺美。

2004年，新西兰为纪念雅典奥运会，采用新的印刷技术印制1套邮票，邮票上运动员的动作可以跳跃回放，比20世纪70年代立体邮票的画面整体来回变化进了一大步。2006年荷兰发行1套"视频邮票"（图1.26），当人们不断地上下反复变动邮票时，邮票画面上的速滑运动员便"活"了起来，上臂和两腿呈现连续的速滑动作，动作速度的变化随上下变动邮票的速度而变，可慢可快。新的印刷工艺给奥林匹克邮票增添了色彩，给人们带来新的审美趣味。

第二次世界大战以前的奥运邮票大多是欧洲国家发行的，作

图1.24

为两次世界大战战场的欧洲，战争的硝烟毁掉了不少邮票，尤其是贴有奥林匹克邮票的实寄封、明信片，还有为寄信方便贴用的小本票毁于战火的更多。奥林匹克专题集邮很早传入我国，到 20 世纪 50 年代中国集邮活动蓬勃开展，当时的集邮者收集奥林匹克体育邮票蔚然成风。此后因"文化大革命"，奥林匹克邮票戴着"封资修大毒草"的帽子几乎荡然无存。国外的奥林匹克邮票历经两次世界大战战火的摧毁，中国的奥林匹克集邮惨遭"文化大革命"的涤荡，前后百余年历史的风尘，使不少早期的邮票、实寄封已成为奥林匹克集邮的珍品。

图1.25

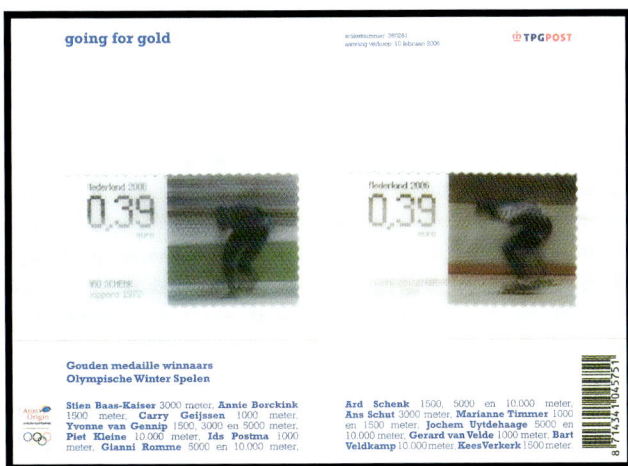

图1.26

二

奥林匹克精神熠熠生辉

我们的世界因为有了奥林匹克运动会而变得健康苗壮；我们的世界因为有了奥林匹克精神而变得亲和充实。

什么是奥林匹克精神？《奥林匹克宪章》的注解是：奥林匹克精神就是相互了解、友谊、团结、和平、进步和公平竞争。

1. 邮票铭记了奥林匹克精神的历史发展

奥林匹克源于古代希腊文明，古希腊人崇尚自身的体格力量与体魄，他们在衡量人的体能和技巧的表现能力的高下之中，产生了竞争意识，这就是奥林匹克运动竞技比赛的基础。参赛者竞技水平高低，需要产生公正的标准，这个问题在淳朴的古代很好解决，人们一致认为，古希腊的文明就是公平竞赛的社会基础，于是古希腊人在奥林匹克竞赛中自觉地恪守发扬这种精神，决无后来人的吹黑哨或营私舞弊行为。这实在是一段干净剔透的历史，现代人以邮票形式再现了古希腊人的这段线性史实。

图2.1

希腊邮票设计家最早把古希腊瓶画艺术所展现的奥林匹克公平竞争精神表现到邮票上。古希腊陶瓶上的绘画闻名于世，这些现实主义的瓶画记录了公元前700年至公元前500年奥林匹克角力、铁饼、赛跑这些最能表现体能的比赛项目，在图2.1瓶画的角力图案中，有3位裁判在旁裁定；图2.2是裁判在丈量投掷者的成绩，图2.3的人物中，可见 2 个穿长衣的裁判在对参赛者讲述规则。这些邮票无疑都表现了古代奥林匹克运动会的公平竞争精神。

　　希腊邮票设计家注重从民族文化的视角表现奥林匹克的和平精神。古希腊人在奥林匹亚祭神的时候，要在火神普罗米修斯神坛前面点燃圣火，这种仪式象征着和平。运动会比赛是祭神庆典的重要项目，在运动会期间各城邦一律停止战争，以此表现对神的虔诚敬意。在古希腊遗存的陶瓶上，铭刻了当时点燃圣火的真实场面（图2.4）。现代奥运会承袭古代奥运会"神圣休战"的传统，倡导世界和平。在各国发行的奥运会纪念邮票中，有的再现古希腊点燃圣火的欢乐场景（图 2.5），有的反映现代奥运会点燃圣火的神圣场面（图 2.6），善于思考的邮票设计家还把圣火、和平鸽、奥运会场馆组合成一个画面，让邮票永恒地传颂奥林匹克的和平精神（图 2.7、图 2.8）。

图2.2

图2.3

图2.4

图2.5

图2.6

图2.7

图2.8

古代奥运会注重运动员的个人价值，图2.9的邮票反映了公元前500年的一次奥运会上，罗德岛的运动员戴格拉斯获胜后，头戴橄榄枝花冠被观众拥起庆贺的情景。戴在优胜者头上的橄榄枝花冠是神圣的，其荣誉至高无上，古希腊奥林匹克运动弘扬的个人价值观，反映了以人为本的理念。今天，

图2.9

图2.10

这种理念已被现代奥运会所承袭，2004年的雅典奥运会就重现了橄榄枝花冠，正是对运动员个人价值的肯定，图2.10表现的是头戴橄榄枝花冠的优胜者。

说到奥林匹克精神的历史发展，我们不能不提到一个人，一个创造了奥林匹克华彩乐章的人，他的名字叫皮埃尔·德·顾拜旦（图2.11）。法国教育家顾拜旦一生倾心致力于古代奥运会的研究，极力复兴奥运会。他认为，奥林匹克精神是一个国际体系，它是独立的，不允许来自政治、经济或社会的因素对其进行干涉。他建议恢复奥运会的组织形式和庆典仪式，但必须注入新的成分，让各国参与者

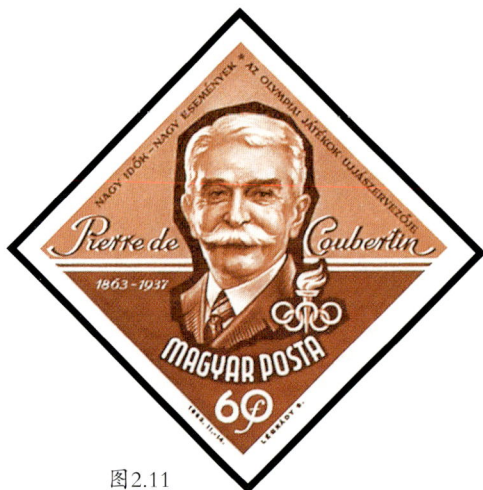

图2.11

相互了解，友好合作，公平竞争，不要种族歧视。他创建了一个独立的国际奥委员，规定了国际奥委会的主要职责。他的不懈努力，终于赢得了不同政见、不同民族人们的回应，奥林匹克精神的自主独立在世界范围内得到了保证。为纪念顾拜旦的功德，许多国家发行了邮票，图2.12的邮票画面是顾拜旦肖像和他的纪念碑，表示顾拜旦倡导的奥林匹克精神永存。

图2.12

在此后的几十年里，违背奥林匹克和平精神的战争行为，激怒了世界上的所有民族，"相互了解、友谊、团结、公平竞争"的奥林匹克精神，再度成为世界的最强音。

2．邮票设计家着力表现奥林匹克精神

奥林匹克运动是国际性的体育比赛，各国运动员、教练员、体育官员和记者积聚一起，不可避免地面临着各国文化间的差异及由此引发的各种问题。邮票设计家面对奥林匹克这个国际性题材，在这狭小的方寸范围内，思考着邮票画面设计的诸种问题：既要以本国、本民族的艺术手法表现体育文化和本国的运动强项，又要让各国的奥运会参与者、集邮者理解邮票的文化内涵，喜欢这些邮票，从而达到交流的目的。现代奥林匹克对各国文化差异的包容和理解的精神为此提供了广阔的空间。

在当代科技、人文、生态、伦理的影响下，奥林匹克精神长足发展，奥林匹克运动已成为各国文明与文化聚集交往的平台。主办国的邮票设计家敏感地捕捉到新信息，他们摒弃了奥运邮票单纯描绘运动员竞争的场面，而将本国的文化遗产、城市景观纳入邮票画面，以此表现"相互了解"的愿望。1960年罗马奥运会意大利将古罗马的君士坦丁凯旋门（图2.13）、马森蒂乌斯大教堂（图2.14）搬上了邮票。1968年墨西哥奥运会邮票图是古玛雅的陶俑，1枚是"特拉特里球球员"（图2.15），另1枚是"击球手"（图2.16）。

图2.13

图2.14

图2.15

图2.16

东京、罗马等城市为举办奥运会修建的比赛场馆（图2.17、图2.18）也成为奥运会邮票亮点。这些邮票作为奥运会的纪念品，飞传到世界的各个角落。在飘舞的奥林匹克精神大旗下，每个国家走进了世界，世界也走进了每个国家。

运动员、体育官员以及观众有不同的肤色，操不同的语言，拥有不同的信仰和生活方式，运用不同的行为方式表达自己的情感。这些种族的和文化的差异，时常引发各国间在政治体制、经济制度和意识形态等方面的冲突。邮票设计家遵照奥林匹克强调相互了解、友谊和团结的精神，在邮票设计中的细微之处均作缜密的思考，使不同的文化差异达到一种和谐的氛围。图2.19邮票（列支敦士登）画面出现3只高举圣火的手，设计家用黑、黄、白3个颜色表示不同肤色人种的团结。图2.20加拿大邮票把不同肤色的运动员定位在高高的领奖台上，以此弘扬奥运会反对种族歧视的精神。

有些邮票在描绘双方运动员竞争的场面时，在运动服上回避了具体的某国运动员的着装，如图2.21、图2.22圣马利诺和美国的两枚邮票，从画面上可分辨出比赛的高下，但在泳装上却看不出代表任何国家；图2.23和图2.24邮票中的优胜

图2.17

图2.18

图2.19

图2.20

图2.21

图2.22

者和失利者的运动装也采取了虚拟的手法，不显示某个国家的胜负。邮票设计家的思路是公允的、没有倾向性的,这正体现了奥林匹克的公平精神。

　　邮票设计家的思路是开阔的，为了鼓励运动员的勇于竞争意识，设计了纪念本国运动员在奥运会上取得优异成绩的邮票，对这种彰显民族个性的文化特征，奥林匹克精神也予以包容。例如，铭记历届奥运会的优秀选手的"奥运明星"邮票，自20世纪50年代初开始发行至今，已形成国际性的系列邮票。这些邮票铭记了奥林匹克提倡的"永远争取第一，永远超过别人"的追求精神。

　　这些在不同的文化背景下设计发行的邮票，使文化差异在人们互相交流中趋同，让奥林匹克提倡的国际交流精神得以实现。

　　奥运邮票还体现着全球文化多样性与差异性互补共存的精神，邮票设计家对世界各民族文化兼收并蓄。比如，利比里亚纪念墨尔本奥运会的邮票可见澳洲风情（图2.25）；意大利把古希腊雕塑《拳击手》搬上了本国的奥

图2.23

图2.24

图2.25

运会邮票（图2.26）；厄瓜多尔纪念墨西哥奥运会的邮票，以墨西哥壁画的代表作《新民主》、《劳动阶级》为图，左侧又以古希腊名雕作装饰（图2.27、图2.28），总之，每一枚邮票上都可以融合多民族文化。值得称道的是，面对相同的奥林匹克选题，各国奥林匹克邮票在艺术风格上，又坚守了自身的民族性，突出了本民族的文化特征。上述的希腊、墨西哥邮票都表现出了浓郁的民族艺术风格，正是得力于各民族文化艺术的独立性，才表现出了全球文化的多样性、差异性互补融合的奥林匹克精神。

图2.26

图2.27

图2.28

图2.29

奥林匹克精神蕴含了人类向"更快、更强、更高"的目标自我挑战的顽强意识，邮票设计家把这种意识"物化"的形象呈现在邮票画面上。图2.29那枚加拿大邮票，描绘了一位撑竿跳高运动员仰望新的高度，准备向"更高"目标冲击的一瞬，画面含蓄深沉。邮票设计家还借用摄影艺术的"追随法"表现奥运会竞赛"更快"的动感，图2.30这枚邮票采用了"直线追随"手法，图2.31用"弧线追随"表现了起跑的刹那。邮票设计家还运用电视屏幕显像"造型"的特点，以"点"的疏密组合表现运动员动感的竞技姿态（图2.32），邮票的画面巧妙地利用人的视觉和联想呈现出"快"的效果。这种表现"更快、更强、更高"的体育竞技精神的画面，在奥林匹克邮票中不胜枚举。

100多年来，奥林匹克运动逐步形成了自身特有的文化艺术体系，它包括会旗、会徽、吉祥物（图2.33）、奖牌、纪念邮票、纪念币、海报、入场券、运动员服装的设计制作，火炬的造型设计、纪念册的编辑出版、会歌的创作演唱以及开幕式闭幕式的大型演出等。奥林匹克文化宣传奥林匹克精神，奥林匹克精神又被邮票设计家以具象或抽象的手法绘制在邮票

图2.30

图2.31

图2.32

图2.33

上。正因为邮票铭记了奥林匹克的历史文化，那些具有观赏和收藏价值的奥林匹克题材邮票，才为众多的集邮者所喜爱。

在今天全球化的时代，奥林匹克随着时间的流逝而不断丰富，不断增添新的文化内涵。奥林匹克邮票也将不断汲取新的素材，不断采用新的设计形式和印制方法，成为人类不断创新的有价的奥林匹克精神文化产品。

三

林林总总的奥林匹克邮品

奥林匹克集邮的主体当然是有关奥林匹克的邮票、小型张、小本票。可是，当代专题集邮的趋势是收集品种多元化，所以，有关奥林匹克的各种信封、明信片、邮简、各种戳记、邮资机签条、邮票设计图稿、印样、样票、包封纸、电报纸以及邮政封口纸等均属奥林匹克集邮的范围。百余年的奥林匹克集邮品种林林总总，而且外国的邮品居多，有些品种对于初集邮者来说比较生疏，即使收集奥林匹克邮票资深的集邮者也难免出现差错，因而本节对各品种特作悉数。

1. 邮票

包括小型张、小版张、小本票、卷筒邮票、电子邮票等。奥林匹克纪念邮票的票面上大多印有五环标志或不同文字的奥林匹克字样，例如英文 OLYMPC、德文 OLYMPIA、法文 OLYMPIADE、西班牙文 OLIMPICA 等，不难识别。但有的貌似奥林匹克邮票而其实不是，容易混淆收集视线。如埃及1951年发行1套3枚的地中海运动会邮票（图3.1），被不少集邮者误认为奥林匹克邮票，在2006年北京举行的全国专题集邮展览中，一部获奖的奥林匹克邮集误将此票收入。此外，1951年印度尼西亚为纪念第1届亚运会、1962年阿富汗纪念第4届亚运会邮票图案均有五环标志，但都不

图3.1

是奥运邮票。

还有个别的邮票易被遗漏，票面上没有五环标志或奥林匹克字样。如西柏林1953年发行的普通邮票中，有1枚以奥林匹克体育场为图（图3.2），票面上没有五环和奥林匹克字样，因而被许多集邮者忽略了。其实，该票在奥林匹克邮票中还是"含金量"较高者，因为新票很少，德国《米希尔邮票目录》的标价为85欧元。

图3.2

图3.3

至于一些变体票、未发行票或发行背景特殊的邮票，价格不菲。例如，阿根廷的布宜诺斯艾利斯曾申办1936年的第11届奥运会，印制了一种面值10分的11届奥运邮票（图3.3），但没有发行。未发行的原因，有人认为是申办失败，撤销发行计划。另一种说法是，此票是由阿根廷奥委会印制的，除了供该国奥委会贴用外，售票款作阿根廷奥委会基金，所以阿根廷邮政不承认此票。两种说法，难以酌定。集邮者看到权威的邮票目录均未将此票编入，这枚邮票在欧美邮票市场标价甚高。在奥林匹克邮票中因种种原因未发行的还有一些，这类票品昂贵，初集邮者应谨慎出手。

奥林匹克邮票数量很大，一般的收集方法是先易后难，对收集难度较大较贵的邮票、邮戳、封、片、简不必操之过急。收集奥运邮票可先由主办国邮票入手，以此为基础再慢慢扩展。主办国的邮票容纳了厚重奥林匹克文化，收藏价值较高。收集齐全后，油然而生的"成就感"让人保有持续的收集热情，此时再深入一步收集那些不易得到的封、片、简也不迟。由浅入深，循序渐进，可以不断地品味奥林匹克专题集邮的趣味和美学价值。

2. 邮资机签条

邮资已付的一种凭证，欧美一些国家使用较早。欧美集邮界将其视为一个集邮品种，简称"Meter"。有关奥林匹克的邮资机签条收集难度较大，因为这些签条大多在奥运会期间使用，期限很短，而且全都贴在邮件上，损耗率高，有些邮资机签条比中档邮票卖的还贵。图 3.4 是德国 1936 年柏林奥运会的邮资机签条。

图3.4

3. 信封

包括贴有奥林匹克邮票的首日封、实寄封、有关奥林匹克的邮资封、纪念封、盖有奥运会相关戳记的信封、奥林匹克名人的签名封等。信封里最难收集的是各主办国奥委会的邮资已付专用信封，从 1896 年第 1 届雅典奥运会起，各届主办国奥委会在筹备期间都印制了专用信封，有的采用免资或邮资已付形式，有的须贴邮票，其中邮资已付封和免资封收集难度最大。

4. 明信片

与奥运相关的邮资明信片，第二次世界大战以前只有几个国家发行，而且印制数量很少，偶尔在拍卖市场上才能见到。20 世纪 50 年代以后，奥林匹克题材的邮资片渐多，有的印刷很漂亮，如图 3.5 罗马尼亚为宣传该国女

图3.5

子体操运动员科马内奇印制的邮资明信片，画面展示了她优美的自由体操造型，色彩浓郁和谐。奥林匹克极限明信片（图3.6），则是明信片类别中的一个重头，有的集邮者专门收集奥运极限片。至于无邮资的奥林匹克明信片，可作为另一类品种收藏。

图3.6

5. 邮简

包括邮资邮简和邮政部门印制的无邮资纪念邮简。无邮资邮简往往重视实寄的，但邮简上有关奥运的图文不应忽视，例如图3.7澳大利亚邮政

图3.7

1956年为第16届墨尔本奥运会印制的航空邮简，集邮家注意到，新建的奥运村外景只留在了这种邮简上。

奥运封片简的数量虽多，但常见的是20世纪60年代以后发行流传于世的。第二次世界大战以前的首日封，贴有早期奥运邮票、或是盖有奥运戳记的实寄封片却很难得，尤其是早期的极限明信片极为罕见。

6. 邮戳剪片

奥林匹克邮票发行时的首日戳、纪念邮戳、宣传戳大多盖在信封或明信片上，与封片的收集有连带关系。邮戳盖在纸上或从邮件剪下即邮戳剪片，图3.8为柬埔寨1964年纪念东京奥运会的邮戳剪片。剪片上若贴有邮票就精彩多了，如图3.9

我国1980年发行的"中国重返国际奥委会1周年纪念"邮票首日戳剪片,票戳相得益彰,和谐美观。

图3.8

7. 邮票设计图稿

奥林匹克邮票设计过程中绘制的各种画稿。邮票设计图稿属高档集邮品种,十分难得。近年在国内外集邮市场上偶见,价格均在千元以上,集邮者购买时须熟虑。

8. 印样

在邮票开印之前从原模或印刷版上印出的样品,供呈报上级审查或印制部门核查,或作为资料留存。印样也叫样票,样票可分几种形式,如试机印样、原模印样、送审印样等。样票虽是高档邮品,但不少集邮者对此却非常感兴趣。在雕刻凹版的原模印样中以法国的最为精彩,雕工细腻,印量极少,市价较高,多在千元以上。法国为他国印制邮票的原模印样市价则便宜一些,适合大多数集邮者收藏,图3.10是喀麦隆纪念莫斯科奥运邮票的原模印样,图3.11

图3.9

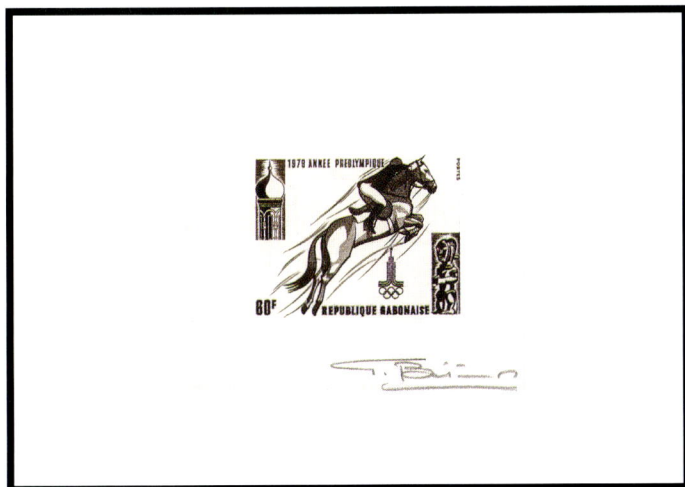

图3.10

是印出的邮票，两者对比趣味盎然。

9．票样

邮政主管部门在新邮票发行之前，将新票作技术处理，如加印"样品"（SPECIMEN）字样或打孔、划线之后，分发给有关部门备案或作宣传的样品。图 3.12 为保加利亚纪念巴塞罗那奥运会小型张票样，右上角加印一条斜线划掉了面值，表示票样。

10．邮资包封纸

邮政用品的一种，由邮政部门发行。它是用来包卷报纸、书刊等印刷品所用，由于包封纸上印的邮资金额往往与印刷品的重量不符，造成使用不便，第二次世界大战以后各国邮政陆续停止发行使用。有关奥林匹克的包封纸仅见 1988 年韩国奥运组委会专用的邮资已付包封纸。

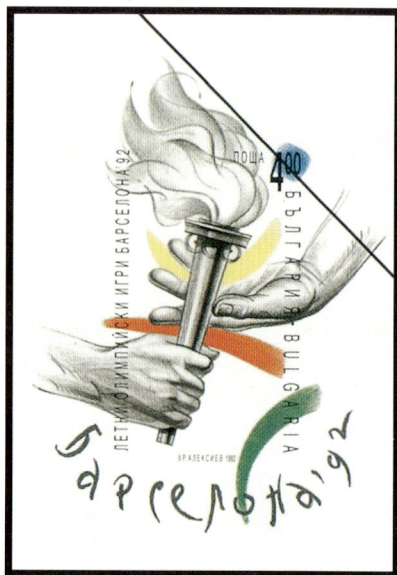

11．封口纸

也称封票，它是供信函封口使用的签条，集邮者只收集邮政部门印制的封口纸。有的封口纸用于宣传，图文并茂，并有齿孔和背胶，形似邮票。有关奥林匹克的邮政封口纸约有 30 多种，从一个侧面反映了现代奥运会的历史，这些封口纸大多是第二次世界大战以前发行的，比较难得。图3.13 是 1894 年国际奥委会成立的封票，这

图3.11

图3.12

图3.13

是奥林匹克专题中最早的邮品。图 3.14 美国邮政 1932 年为第 10 届洛杉矶奥运会发行的封口纸，以洛杉矶山区的自然景观为图。

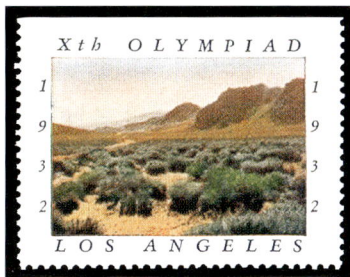

图3.14

12. 电报纸

记录电报内容文字的专用纸张。过去邮政和电讯合一经营，邮电局收到客户的电报后，经邮政投递给收报人。20 世纪 70 年代以前欧美有些国家的电报纸上印有邮资，正面或背面印有图文。当代专题集邮将电报纸纳入了收集范围。有关奥林匹克的电报纸，仅见德国 1936 年为第 11 届柏林奥运会印制的（图 3.15 ）。

13. 纪念张

为纪念奥运会印制的形似小型张的印刷品，邮政部门和非邮政部门均有印制。纪念张是宣传奥运会和勉励人们集邮的一种藏品，图 3.16 是 1956 年第 16

图3.15

图3.16

届墨尔本奥运会纪念张。

奥林匹克集邮的范围很宽泛，集邮者完全可以根据自己的兴趣选择，自我收藏，自我鉴赏。如果编组邮集参加高档次的集邮展览，就应按邮展规则来取舍邮品了。

四

邮票拯救了第1届雅典奥运会

1894年6月在巴黎召开的国际体育运动代表大会通过了复兴奥林匹克运动的决议，决定第1届奥林匹克运动会在雅典举行。当时要求主办首届奥运会的还有巴黎，因为雅典是奥林匹克运动的发源地而赢得了主办权。

但是，由于资金短缺，希腊首相要求缓办。此刻，国际奥委会秘书长顾拜旦和奥委会主席维凯拉斯（图4.1）积极努力，说服了希腊王储和国王，奥运会按时举行并由政府拨出一定款项。但资金仍有缺口，于是在希腊全国各地掀起募捐活动。募捐活动火热之时，富商阿维罗夫又捐助100万德拉马（希腊币名）。除此之外希腊还采纳了集邮家萨科拉夫斯的建议，发行纪念邮票解决经费不足的难题。

图4.1

这套邮票共12枚，面值最高的1枚为10德拉马。自1861年希腊首枚邮票发行35年来，通用邮票的最高面值不过1德拉马，10德拉马的高面值虽令人咋舌，但在筹办奥运会热烈的气氛中民众仍乐此不疲。全套邮票总面值为19.53德拉马，尽管还高于面值出售仍卖得不错，很快筹集了几十万德拉马，使第1届奥运会如期举行，因而留下了"邮票拯救奥运会"的佳话。

政府拨款，社会募捐，企业赞助，发行邮票这种筹集资金模式，尤其是发行邮票的办法，不仅为此后解决主办奥运会资金不足的问题开创了先例，而且奥林匹克专题邮票从此有了根。

从集邮的视角综观这套邮票，其意义还在于，19世纪90年代纪念邮票刚刚问世，全世界发行纪念邮票的国家寥寥无几。1893年美国发行了世界第一套纪念邮票，希腊这套奥运邮票仅比美国首套纪念邮票稍晚，当属世界早期珍邮。在邮票题材方面，它是世界上第一套纪念奥林匹克的体育邮票。这些居先的名位，在世界邮票史和集邮史上都值得大写一笔。

这套12枚的邮票，共8种图案。按面值序列前两枚票图为"摔跤"（图4.2），摔跤是古代奥运会的竞技运动之一，在公元前708年的第18届古奥运会将其列入比赛项目。邮票图取自公元前4世纪弗洛伦西·古乌费奇的一座雕塑。

图4.2　　　　　图4.3

第3、第4枚图案是雕塑"掷铁饼者"（图4.3），这尊著名的雕像是公元前5世纪雕塑家米隆的代表作，作品把激烈的动作与饱满的精神状态完美结合，令人叹为观止。原作为青铜材质，现存的是后人用大理石雕的仿制品。"掷铁饼者"以它的美学价值在奥林匹克邮票中享有最高的"出镜率"。

第5、第6枚以古希腊瓶画为图，陶瓶上绘着"雅典娜"的形象（图4.4）。雅典娜是雅典的保护神，古代雅典城邦每年都要祭祀这位女神，同时还举行竞技活动，战车赛是竞技项目之一。

图4.4　　　　　　图4.5

第7枚和第8枚邮票的画面再现了古希腊4马战车赛的情景（图4.5）。战车赛于公元前680年第25届古奥运会列入比赛项目。

第9枚面值1德拉马以运动场和卫城的远景为图（图4.6）。雅典卫城建于公元前5世纪，雄居雅典城中山冈上，俯瞰全城。卫城中的庙宇建筑群及上面的雕刻堪称古希腊建筑雕刻艺术的杰出代表。运动场在卫城的东南，第1届

图4.6

现代奥运会就在此地举行。

面值 2 德拉马的邮票图中的雕塑"抱幼童的赫尔梅斯"（图 4.7），此为公元前 4 世纪雕刻家普拉克西特列斯的作品。在奥林匹亚发现，现藏于奥林匹亚博物馆。赫尔梅斯抱着的婴孩是酒神狄奥尼索斯。雕像出土时赫尔梅斯的右臂残缺，邮票图作了添补。赫尔梅斯因为跑得很快，成为众神的信使。19 世纪希腊邮政借用神话的理念，从 1861 年希腊的第 1 枚邮票起，到 1902 年的通用邮票都印上了赫尔梅斯的头像，俨然希腊邮政的"图腾"。在这套奥林匹克邮票中将赫尔梅斯的雕像设计进去，意在感召赛跑运动员跑出更好成绩，并隐喻在信使之神的感召下，民众通信快捷安全。

图4.7

高面值 5 德拉马的邮票，取公元前 5 世纪佩奥努伊斯胜利女神尼凯的塑像作图（图 4.8），借以激励参赛者取胜的信心。

最高面值的 10 德拉马邮票，票面展示了雅典卫城中心建筑帕台农神庙及其他建筑群的外景（图 4.9）。帕台农神庙是为供奉雅典娜女神而建，宏伟壮丽，庙中的雕刻精美绝伦，被认为是古希腊民族精神和审美理想的体现。

图4.8

全套邮票的主图设计直切主题，深刻地表现了奥林匹克的历史文化渊源。19 世纪末期的邮票设计很讲究边框装饰，对此，设计家深思熟虑，巧妙地挪用或参照了神庙的气势浑厚的多里安柱式造型，作为邮票的边框装饰，与主图构成一个艺术风格统一和谐的画面。

该套邮票的发行量据说共 1800 多万枚，由于每种面值的发行量有多有少，最后只凑成 41000 多套。对损耗量很大的邮票来说，这个数字太微乎其微了，这个数量注定其跻身世界名贵邮票之列。百年后的今天，1 套 12 枚全品相的新票市价在 15000 元左右。

图4.9

这套邮票是用凸版印刷的，由于印刷工艺技术所限，邮票的图文线条不够清晰，其色彩不够浓郁、亦不鲜艳，对精心设计的邮票图案来说是个缺憾。

但作为奥林匹克的邮政文化遗产，历史局限造成的欠缺并不影响它的文化价值和市场价格。

第1届奥运会留给集邮者的还有一件珍品，那就是希腊奥委会预印的专用信封（图4.10）。这种信封在使用时盖上奥委会的专用章，即可不贴邮票免费寄递。专用封的封面右上角印有奥委会的名址，左侧将古希腊的雕塑"摔跤"用简炼的单线勾勒出来，与奥运会的精神相映成辉。这种实寄封非常罕见，国外的拍卖价几乎和本届奥运会纪念邮票的价格相当。

第1届奥运会共有13个国家的311名选手参赛。田径项目开赛以来，主办国希腊还未拿到1项冠军，人们把夺冠的希望寄托在马拉松比赛上。4月10日开赛那天，居民13万人的雅典，竟有10万多人走出家门观看比赛。希腊选手路易斯在跑到32公里时已处于领先地位。这位牧羊出

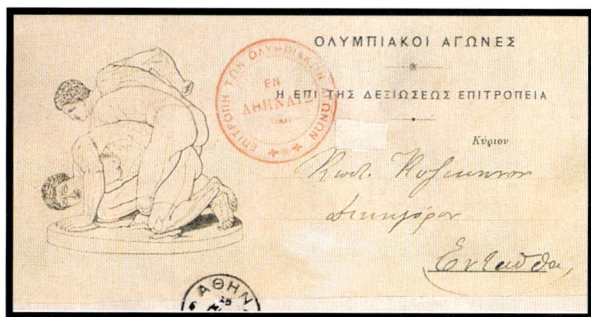
图4.10

身的士兵个子不高，善跑而且耐力好，当他第一个跑到终点时，全场热烈欢呼，希腊国王跑出包厢迎接他。图4.11这枚希腊邮票图是根据当时的照片而绘制，再现了路易斯冲刺的瞬间和观众狂呼的场面，邮票设计家还特用一块高光衬托出路易斯的身影。2004年，希腊邮政又把路易斯的头像搬上了邮票（图4.12），让后人记住希腊民族引以为荣的马拉松比赛的第一位冠军得主。保加利亚在纪念奥运会百年的小型张上，以大幅面描绘了观众观看马拉松冲刺的情景，小型张的邮票上是路易斯的肖像（图4.13）。

图4.14邮票上的人物是第1届奥运会自行车

图4.11

图4.12

27

图4.13

赛冠军、希腊选手康斯坦丁尼迪斯。那年的自行车赛程是从雅典到马拉松再返回雅典，康斯坦丁尼迪斯返回时自行车坏了，他借用发令员的车子继续比赛。倒霉的是这辆车又坏了，他没有气馁，向沿途看热闹的观众又借了一辆车，在奥林匹克竞争精神的鼓舞下，苦苦地蹬完最后几公里的赛程而荣获冠军。

2004 年希腊发行的这套邮票中，还有 1 枚是本届吊环冠

图4.14

图4.15

军米特罗普洛斯的头像（图 4.15），他是希腊著名的体操运动员。以上 3 枚邮票均在票面的一侧压一条银箔，又将橄榄枝图案压凸在银箔上，印制工艺比较复杂，以此弥补画面单调的欠缺。

德国体操选手舒曼在跳马比赛中荣得冠军，德国在奥运百年邮票中纪念了这位运动员（图 4.16），同时还印制了镶有纪念章的纪念信封，上面印着戴着花冠的舒曼（图 4.17）。德国体操健将阿尔弗来德·弗拉托夫荣获双杠、单杠个人冠军、亚军，还获两项团体冠军。他的表弟古斯塔夫·弗拉托夫也夺得两项团体冠军，兄弟 2 人同时出现在德国邮票上（图 4.18）。

图4.16

弗拉托夫兄弟是犹太人，后被纳粹迫害致死，弟弟古·弗拉托夫惨死于毒气室。朝鲜在纪念奥运会80周年的邮票中，有1枚是纪念阿·弗拉托夫的，以他的双杠动作为图（图4.19）。

图4.17

澳大利亚选手夫拉克夺得男子800米、1500米冠军，在1996年澳大利亚纪念奥运会百年的邮票上，那位戴着小帽的小伙子就是弗拉克（图4.20）。

图4.18

图4.19

这些邮票跨越历史的时空，回放了100多年前奥运会现场，让人零距离感受到第1届现代奥运会的比赛场面，瞻仰最早的奥运体育明星。

图4.20

此外，1900年希腊将第一套奥运邮票中高面值的5枚加盖改值，邮票的主题没有改动，仍属奥林匹克纪念邮票，但这5枚改值邮票不是为纪念1900年的第2届巴黎奥运会而发行的。

五

被冷漠的第2届、第3届奥运会
——主办国没有发行邮票

第1届奥运会结束后，希腊要求将雅典作为永久的比赛场地，时任国际奥委会主席的顾拜旦没有接受这个要求。他认为奥运会只有在不同的国家举行才具有国际性和生命力，结果巴黎赢得了第2届奥运会的主办权。

1900年巴黎举办盛大的世界博览会，决定奥运会和世博会同时举行。然而巴黎的一切工作都是围绕世界博览会进行，对奥运会的态度很淡漠，许多市民还不知道举行奥运会，甚至一些参赛的运动员赛后才知道自己参加的是奥运会比赛。此届奥运会的组织工作不如第1届，场地设施欠佳而且分散，比赛项目混杂，有些比赛的结果缺乏精确记录，这些现象很令人失望。

尽管第2届奥运会有21个国家和地区的1330名运动员参赛，还有11名女选手开创了女子迈向世界体坛的先例，但主办国法国没有为这届奥运会发行邮票，可是为了宣传世界博览会印制了封票。虽然奥运会与博览会一并举行，在封票上也没有宣传奥林匹克的文字，奥运会被冷落了。

好在后来的奥运邮票追记了本届奥运会的优胜者，有几位选手被铭记在邮票上，弥补了奥林匹克集邮的一页空白。

美国邮票上这位跳高选手叫尤利（图5.1），小时候曾患小儿麻痹症，在轮椅上度过数年。后来以惊人的毅力，经过长期的艰苦锻炼，腿部肌肉恢复了功能。1900年参加本届奥运会时已27岁，他获得了无助跑的原地跳高、跳远、三级跳远3枚金牌。

投掷比赛的场地上竟有许多树木，上届铁饼冠军投掷时铁饼都碰到树杈上，影响了成绩。但也有走运的，捷克选手扬达—苏克投出的铁饼没有碰到树杈，以 35.25 米夺得银牌，为第一次参赛的捷克拿到第一枚奖牌。1965 年捷克斯洛伐克发行邮票追记了他的功勋（图 5.2）。邮票图案表现得很细腻：在埃菲尔铁塔中央的椭圆中置一菱形，内有投掷铁饼的图案，菱形之外绘有细线勾勒的树杈，细微之处再现了扬达—苏克身临低劣的比赛环境。

图5.1

马拉松比赛的路线要通过巴黎市内的大街小巷，这给熟悉巴黎街道的法国选手提供了方便，可以伺机"抄近"少跑一点儿。结果是法国选手泰阿托获得冠军，在朝鲜 1978 年的奥运邮票上可见这位 23 岁的小伙子（图 5.3），彼时他是巴黎一家食品店的面包师。

让人失望的第 2 届巴黎奥运会，4 年之后的第 3 届奥运会在美国圣路易斯重演了。

图5.2

第 3 届奥运会原定在芝加哥举行，后来圣路易斯市为纪念建市 100 周年，在 1904 年举办世界博览会，又提出承办奥运会，并得到总统罗斯福的支持，最后国际奥委会同意第 3 届奥运会在该市举行。但这届奥运会又成了世界博览会的陪衬，留给世人的邮票，只有美国特为世博会发行了 1 套 5 枚的纪念邮票，票面摆上几位美国总统肖像和纪念圣路易斯建市百年的文字，邮票的图文没有本届奥运会的事儿。

美国夺得了 85% 的奖牌，但有的成绩引起议论。本届马拉松赛跑为 40 公里，冠军由美国选手希克斯获得。希克斯跑完 20 多公里已经精疲力竭，后来吃了两个鸡蛋，喝了一口白兰地，用

图5.3

图5.4

温水擦了擦身。到最后的1公里多的时候，他实在不行了，于是又擦身吃鸡蛋喝白兰地，这样跑到了终点。尽管对此举有议论，希克斯还是拿到了金牌。92年后的1996年，格林纳达将这位冠军摆在了本岛的奥运邮票上，邮票的画面显示他在众人的拥戴下，坐在老爷车上那副神气的样子（图5.4）。

美国的优势项目"掷壶铃"，在比赛中却意外地失去一枚金牌。壶铃为铁制，形状如提壶，故称壶铃。掷壶铃是美国的传统体育活动，美国想借此优势多拿一块金牌，故将掷壶铃列入本届奥运会田径比赛项目。结果加拿大选手德斯马托获得冠军。德斯马托是蒙特利尔市的警察，因擅离职守赴美参赛被警局开除，后得知荣获冠军又收回成命。加拿大在1996年纪念亚特兰大奥运会的邮票中，把92年前奥运会的掷壶铃金牌得主德斯马托搬上了邮票（图5.5）。壶铃作为奥运会比赛项目，以后就予以取消了，加拿大这枚邮票成了奥林匹克壶铃项目的绝唱。

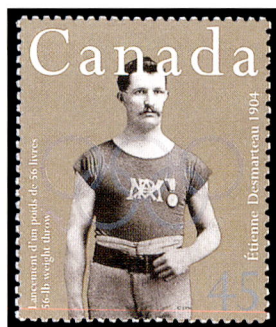

图5.5

六

1906年的雅典届间奥运会

　　希腊曾要求奥运会永远在希腊举行，被国际奥委会否决，但国际奥委会又决定希腊可以在每届奥运会之间，举办届间奥运会。1906 年逢第 1 届奥运会举办 10 周年之际，雅典举办了 1 次届间奥运会，来自五大洲 20 个国家的 884 名运动员参赛，参赛国及运动员的数量都超过第 3 届圣路易斯奥运会。希腊非常重视这次届间奥运会，特发行了 1 套 14 枚的纪念邮票。

　　14 枚邮票有 9 种图案，邮票图有的选自古希腊的雕像、钱币、古镜或庙宇山墙壁面的浮雕，史前的奥林匹克艺术再现于方寸纸上。

　　面值 1L、2L（雷波顿）的 2 枚票图相同，均为"掷铁饼的阿波罗神"（图 6.1）。此图根据科斯岛发现的公元前 5 世纪的银币图案设计。

图6.1　　　　　　图6.2

　　3L、5L 两枚邮票的画面是"负重物跳远"（图 6.2），图源为古希腊的一个铁饼。古代奥运会的跳远竞技者手握半圆形重物助跑起跳，重物约 2 公斤，这样有助于落地时保持平衡，两枚邮票表现的是负重起跑的瞬间。跳起后的动作由希腊 1960 年的奥运邮票续写了出来：跃起的一刹，可见双手握着的哑铃似的

图6.3

重物（图6.3）。

面值10L邮票图"手持赫尔梅斯神杖的胜利女神"（图6.4），此图根据西西里岛发现的古希腊银币图案设计。

票面20L、50L的2枚邮票图相同，上面的人物是阿特拉斯和赫尔克利斯（图6.5）。在希腊神话中，阿特拉斯是天的托持者，赫尔克利斯是英雄，力大无比。邮票描绘了阿特拉

图6.4

图6.5

图6.6

图6.7

斯给赫尔克利斯带来赫斯伯里德斯的金苹果。票图根据宙斯神庙檐壁图案而设计。两个大力神出现在票面上，把崇拜力量和英雄的古希腊人的审美观念形象化地表现出来。

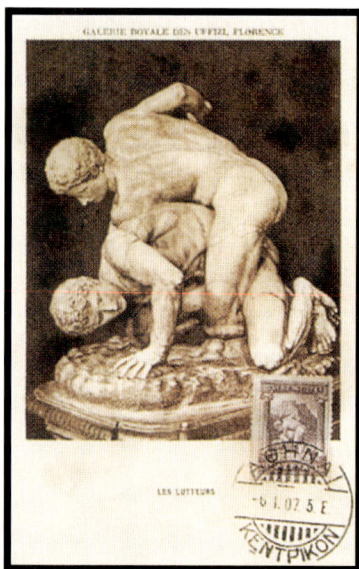

图6.8

面值25L邮票刻画了赫尔克利斯和巨人安泰奥斯的搏斗场面，最后以赫尔克利斯的胜利而告终（图6.6），以此歌颂神的超人的力量。

30L的邮票图案是摔跤（图6.7），票图取自古希腊的雕塑。由于票幅小，雕塑的艺术效果难以展现，极限明信片弥补了这个不足，让人鉴赏到雕塑原作的艺术风采（图6.8）。

面值40L的票面刻画了手持神鸟的胜利女神（图6.9），此图源自古希腊镜子的图案。

面值1D（德拉马）、2D、3D的3枚邮票图案相同，描绘了古代奥运会"折返跑"的场面。折返跑的特点是，参赛者在比赛时要从终

点线折回，在折回处设立一个转向石柱，运动员必须绕过石柱再往回跑。在邮票画面的左侧可见立着的石柱（图6.10），表现出这种赛跑的特征。

最后1枚面值5D，邮票图为胜利女神尼凯、祭司和运动员向宙斯祭礼（图6.11）。宙斯是希腊众神之王，祭祀宙斯及诸神是古奥运会的重要仪式。

这套邮票的选材涉及古希腊奥运会的竞赛史实和文学艺术等方方面面，内容厚重，知识面广。邮票采用雕刻凹版印制，雕工细腻，画面清晰色彩浓郁。

图6.9

图6.10

图6.11

此套邮票用水印纸印刷，水印的图文由王冠和字母"ET"组成（图6.12）。此票从内容到印制所体现的美学价值在世界早期邮票中并不多见。因此，它的市场价格不菲，目前全套新票约4000元左右。

图6.12

希腊邮政除了发行邮票以外，还在普通邮资明信片的背面加印图案，以资纪念。邮资面值10L，明信片的画面是举办此次奥运会体育场（图6.13）。当年邮政部门还印制了封票（图6.14），3枚封票画面相同，再现胜利女神尼凯的雕刻塑像。图6.15是贴有3枚封票的实寄封，在奥林匹克邮品中非常难得。

图6.13

图6.14

在届间奥运会举办期间，希腊邮政启用了刻有奥林匹克字样的邮戳（图6.16），尽管邮戳文字过简，而且没有图案，它却是后来成千上万奥林匹克邮戳的鼻祖。

本次届间奥运会虽经国际奥委会批准，但未被列入

图6.16

图6.15

奥运会的届数序列中，比赛成绩也不作正式奥运会的纪录。可是本次届间奥运会留下的邮票、明信片、实寄封却是奥林匹克集邮不可缺少的珍品。

七

1908年第4届伦敦奥运会和1912年第5届斯德哥尔摩奥运会邮品一瞥

    第4届奥运会于1908年在伦敦举行。英国为此修建了场馆，制定了比赛规则。本届的参赛选手达2000多人，比前三届的总人数还多。即便如此，英国邮政也没有为该届奥运会发行邮票。英国虽然是世界上发行邮票最早的国家，可是在那个年代，英国邮票的选题非常保守，邮票上面除了英王头像之外，其他题材一律全免，皇权至上的观念涉及邮票的选题发行领域，第4届奥运会在奥林匹克邮票史上就这样又留下了一页空白。

    后来的邮票追记了本届奥运会的一些赛事。例如，在参加400米跑决赛的4名运动员中，英国选手哈尔斯维勒的实力优于其他3名美国选手。可是在比赛进行中，3个美国人并成一排，不让英国选手超越，哈尔斯维勒从外道超过了2名美国人后，又追上了前面的美国选手卡本特，不料想此公体育道德不佳，不仅向外挤哈尔斯维勒，还用胳膊肘顶他，英国选手气得停下了步子。由于美国人故意犯规，比赛结果无效。第3天再次进行决赛时，卡本特被取消比赛资格，另外两名美国选手放弃了比赛，结果只有哈尔斯维勒一个人决赛，金牌稳稳在握。图7.1这枚朝鲜邮票回放了被挤兑而最终获胜的哈尔斯维勒的笑容。

图7.1

图7.2

图7.3

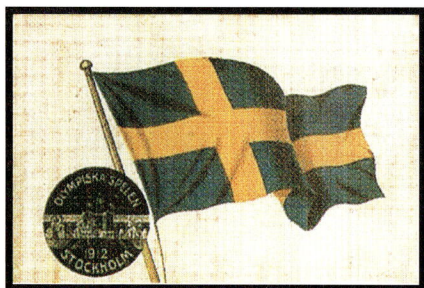

图7.4

1912年第5届奥运会在瑞典的首都斯德哥尔摩举行，瑞典印制了明信片、封票，刻制了纪念邮戳和邮政宣传戳，但仍然没有发行邮票。

瑞典对本届奥运会非常重视，为此兴建了可容纳37000多人的科罗列夫体育场，看台由花岗岩砌成，有塔楼和围墙，场内安装了电动计时器和终点摄像设备。瑞典邮政当年印制的明信片上，有一张是运动场的鸟瞰图，两座塔楼展示出运动场的建筑特征（图7.2），另外一张是运动场外景（图7.3）。

瑞典邮政还为本届奥运会特印了一张彩色明信片，画面是一面飘扬的瑞典国旗（图7.4），此图是在面值10欧尔的普通邮资片上加印的。

本届奥运会的十项全能金牌由美国选手索普获得，索普的形象印在了瑞典的明信片上

图7.5

（图7.5）。因索普是印第安血统，被美国种族主义分子及国际奥委会中的王公巨贾们以莫须有的理由剥夺了他的金牌，将金牌转发给第2名瑞典选手韦斯兰德，但这位瑞典选手拒绝接受。他说真正的冠军是索普，不是我也不是其他任何人，因此金牌存放在国际奥委会洛桑博物馆中。直到1983年国际奥委会恢复索普的名誉后，萨马兰奇

将这枚金牌交给了索普的女儿。在巴拉圭1972年纪念慕尼黑奥运会的邮票上，翻回了历史的这一页，具有正义感的韦斯兰德出现在邮票的画面（图7.6）。

图7.6

　　记载本届奥运会成绩的邮票，还有一枚是法国1960年发行的，褒扬了争夺本届奥运会5000米赛跑冠军的法国选手布恩，他是10000米世界纪录保持者。此次5000米决赛中，他的竞争对手是芬兰长跑健将科勒迈宁。两人势均力敌，在最后的20米，两位选手仍难解难分，最后芬兰选手仅以十分之一秒取胜，布恩居亚军。邮票的左侧是布恩头像，背景为斯德哥尔摩体育场，图7.7是这枚邮票的极限明信片。

图7.7

　　澳大利亚选手杜拉克在女子100米自由泳比赛中，为澳大利亚参赛以来夺得了第1枚金牌。84年后，该国在奥运百年纪念邮票上，重现了这历史的一幕（图7.8）。

图7.8

　　在朝鲜发行的"奥运会历史"邮票中，有一枚记录本届奥运会男子单人双桨赛艇冠军英国选手金尼尔（图7.9）。

　　瑞典邮政还印制了20多枚明信片，明信片的图画有奖牌的正面和背面（图7.10），还有大会活动

图7.9

图7.10

图7.11

图7.12

场面、各项比赛的镜头、优胜者的现场照片等，这些明信片已成为珍贵的史料了。

此外，令集邮者感兴趣的是以本届奥运会会徽为图封票（图7.11）。会徽由瑞典艺术家霍泽博格设计，设计家从古代奥运会裸体参赛的惯例中得到启迪，票面中央一位高大健壮的裸体运动员背后飘扬着瑞典国旗，后面是一队身形矫健的奥运选手挥动着各自国家旗帜奔向赛场。封票的主色是天蓝色和橙色，北欧的色彩风格十分夺目。该封票的票幅较大，为48毫米×60毫米。目前，贴有这种封票实寄封非常罕见。

奥运会期间，斯德哥尔摩邮局启用了滚动的纪念邮戳和宣传邮戳（图7.12），盖有这种宣传戳的信件在许多收信人的手中并不注意保存，历经近百年到今天已不多见。

八

1920年第7届奥运会主办国
比利时发行邮票承前启后

第6届奥运会原定于1916年在柏林举行，后因第一次世界大战而取消。1918年比利时的安特卫普市获得第7届奥运会的主办权。比利时于1920年特为本届奥运会发行了邮票，这套邮票续接了24年前希腊的第1届奥运会邮票，而且从此以后每届奥运会的主办国都发行邮票，沿袭至今。比利时这套邮票在奥林匹克邮票史上承前启后，善莫大焉!

图8.1

邮票全套3枚。第1枚面值5C（分），邮票图选米隆的雕塑名作"掷铁饼者"（图8.1）。第2枚面值15分，图案是罗马式的4驾马车比赛（图8.2）。最后1枚面值20分，主图为"往返跑的运动员"，这是按照古希腊的雕塑作品而绘制（图8.3）。邮票在出售时每枚加价5分，附加的金额用来救济第一次世界大战的伤残军人。

图8.2

图8.3

这套附捐邮票由美国纽约印钞公司用雕刻凹版印刷，票面图文虽然繁杂，但雕刻的刀法细腻，线条疏密有序而流畅，图文层次清晰。邮票的色彩浑厚浓郁，重笔刻画的文字字体和边框装饰，体现出20世纪初期的邮票、纸币、

税票等"票证艺术"的审美取向和印
制的工艺风格。

图8.4　　　　　　　　图8.5

3枚邮票的发行量不等，第1枚最
少，只有77万 枚；第2、3枚虽然发
行了100多万枚，但此套邮票也只能
组合77万套，这个数量并不大。1921
年3月，比利时邮政将该套票加盖改
值，每枚邮票面值均改为20分（图8.4、图8.5、图8.6），
发行了64万套。这样比利时先后为第7届奥运会发行
了两套附捐邮票。用出售邮票的钱弥补奥运会的亏空，
这是继希腊以后的第2例。

图8.6

安特卫普是一座古老的城市，在第一次世界大战中
受到严重的破坏。为了办好本届奥运会，安特卫普兴建了一座可容纳3万人的
"贝绍特田园体育场"。比利时当年印制的明信片上，勾勒出这座新建的体育场
大门和外景（图8.7）。

开幕式于1920年8月14日下午举行，是日上午在安特卫普中心教堂，举
行了弥撒，悼念在第一次世界大战中牺牲的奥运名将。图8.8也是比利时邮政
印制的纪念本届奥运会的邮资明信片，画面所描绘的是悼念仪式的场面。

在本届奥运会的封片类邮品中，最珍贵的当属"掷铁饼者"极限明信片（图
8.9）。这件早期的极限片是前辈集邮者自制的，十分罕见。

图8.7　　　　　　　　　　图8.8

本届奥运会有来自29个国家、2607名运动员参赛。各国选手激烈竞争，创造了许多优异的成绩。20世纪超级长跑选手芬兰人努尔米初露锋芒，他获得8000米、10000米、8000米团体的3项冠军，时年23岁。意大利选手弗里格里奥获得3000米竞走和10公里竞走两项的金牌。多米尼加共和国1956年发行的奥运田径明星邮票中撷选了这两位选手为图，图8.10是努尔米，图8.11是弗里格里奥。该票用雕刻凹版和胶版套印，主图表现的是运动员全身的比赛姿态，虽然头部很小，但两位选手的形象和表情，雕刻凹版刻画得还是逼真的。

图8.9

图8.12这枚美国邮票上的人物是该国选手伊根，他荣获本届奥运会重量级拳击冠军。12年后他又代表美国队参加第3届冬奥会的4人雪橇比赛，再获金牌。如果仅看邮票画面：伊根戴着拳击手套，背景还有一架飞驰的雪橇，夏季奥运会和冬奥会的比赛项目展示在1个画面上，令人困惑不解。其实，邮票表现的正是伊根为现代奥运史上唯一的一位获得夏季奥运会和冬季奥运会金牌的"双加料"的运动员。

图8.10

图8.11

男子十项全能的竞争也很激烈，金牌由挪威选手洛夫兰德获得，图8.13的邮票是他托起铅球准备推出的一瞬。这枚邮票的文字注释出现了错误，将本届奥运会的比赛地点印成了斯德哥尔摩。

图8.12

YOUPIAO TUSHUO AOLIN PIKE YUN DONG

图8.13

图8.14

图8.15

巴西首次参赛，获得了1金、1银、1铜的战绩。巴西在1992年发行的奥运邮票中，纪念两位在本届奥运会为国争光的选手。一位是手枪自选射击银牌得主科斯塔（图8.14），另一位是手枪30米射击金牌得主帕拉恩塞（图8.15），他为巴西夺得了奥运会的第一枚金牌。

朝鲜邮票上的比利时选手安斯帕奇（图8.16），为该国在男子重剑团体赛中勇夺银牌立下汗马功劳。

安特卫普邮局在奥运会期间启用一种机盖纪念邮戳，中间圆形的戳记有日期、纪念文字，两侧的长方形戳记刻有第7届奥运会举办地点、开幕和闭幕的时间等文字（图8.17）。

比利时邮政还为本届奥运会印制了封票，图为投掷铁饼的运动员和安特卫普古建筑。瑞士为此届奥运会印制的封票图案是戴着头盔投枪的古代武士。丹麦为这届奥运会印制了本册式明信片，以团体操、比赛项目的照片为图。这些迹象表明奥运会影响日益扩大，非主办国已经开始从印制封票、无邮资明信片，很快就过渡到发行纪念邮票的阶段了。

图8.16

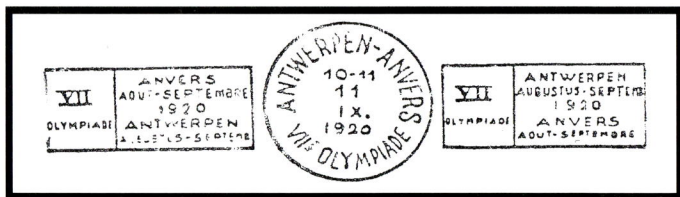

图8.17

九

1924年第8届巴黎奥运会
邮品渐有起色

图9.1

图9.2

1894 年国际奥委会在巴黎成立，人们把这一年视为现代奥运会复兴之年。

1924 年正逢现代奥运会复兴 30 周年，申办本届奥运会的有巴黎、阿姆斯特丹、巴塞罗那、布拉格等 6 个城市，因巴黎是奥委会的诞生地，故第 8 届奥运会选择在巴黎举行。

法国人对本届奥运会表现出极大的热情，在巴黎北郊新建了可容纳 6 万多人的科隆贝体育场，并在附近尝试性地建造了专供运动员居住的奥运村。

法国作为主办国为本届奥运会发行了邮票、邮资明信片、纪念信封及封票，邮品品种渐多。同时法属地区及非主办国也开始发行邮票，表明现代奥运会的影响力已开始涉及各国邮政和集邮领域。

法国发行的邮票全套 4 枚，于运动会开幕前一个月的 1924 年 4 月 1 日发行。第 1 枚面值 10 分，画面为头戴橄榄枝的胜利者致奥林匹克礼，背景是科隆贝体育场和凯旋门（图9.1）。面值 25 分主图象征法国的玛丽亚娜手捧萨莫色雷斯胜利女神奖杯，背景是巴黎圣母院和塞纳河桥（图9.2）。面值 30 分的邮票是克洛顿出土的雕塑"米伦"（图9.3）。米伦是公元前 6 世纪希腊的摔跤选手，以力大著称，后来"米伦"成为象征力量的代名词。雕像借米伦掰开树木的情

图9.3　　　　图9.4

景展示力量的美。最后 1 枚面值 50 分的画面是"胜利者"（图9.4）。

邮票的设计构思是完美的，设计家把古希腊的奥林匹克文化和法国文化融汇得自然和谐，表现出奥林匹克精神的文化内涵。邮票采用古老的凸版印刷，由于工艺技术所限，票面图文的线条粗糙且不清晰，色彩陈旧而且不鲜明，如第 1 枚、第 2 枚的主图和边框分别是深绿和浅绿、朱红和大红套印，但票面的深浅色调几乎分辨不出，色差的美感没有反映出来。这套邮票虽然发行较早，但市价并不贵，目前为人民币 180 元左右。

亚洲的黎巴嫩和叙利亚，在第一次世界大战后沦为法国的委任统治地，法国邮政将这套邮票加盖法文和阿拉伯文在两地使用。加盖的法文大写的 1 套，加盖小写和阿拉伯文的 1 套，这样黎巴嫩、叙利亚各 2 套 8 枚。两地加盖票不多见，美国《斯科特邮票目录》标价：黎巴嫩加盖 60 美元 1 套，叙利亚加盖较贵，为 120 美元。黎巴嫩加盖票有倒盖的变体票（图9.5）在法国的拍卖目录上偶见，标价很高。

图9.5

法国邮政特为本届奥运会发行了 1 枚邮资明信片，邮资图采用了面值 30 分"米伦"的邮票图（图9.6）。欧美的集邮家和邮政用品目录的编纂者认为，邮资图决定邮资明信片的性质和类

图9.6

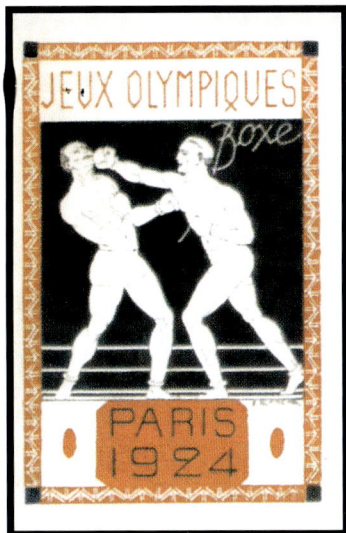

图9.7

别，这枚明信片的邮资图是纪念奥运会的，故有"奥运第一片"之称，目前的市价在人民币700元左右。

希腊、瑞典、比利时的奥运邮资明信片，是用普通邮资明信片在背面加印奥运图文而发行的，邮资图不具备纪念性质。个人、社会团体、企业经邮政部门允许，均可加印所需图文。本届奥运会在普通邮资明信片加印纪念图文的明信片共10枚。背面加印的图案有标枪、赛跑、摔跤、划船、女网、足球、拳击（图9.7）等，这套邮资明信片在奥林匹克集邮中属中档邮品，卖价不算高。

运动会期间还出售了纪念信封，纪念图文印在信封上部。"第8届奥运会 巴黎1924"很醒目，左侧的几行较小的文字是：纪念国际奥委会成立30周年。主图是一艘在大海中航行的古帆船（图9.8），此图取自本届奥运会的会徽。这种信封多在当时的邮政通信中消耗掉，今天想收集1件贴有巴黎奥运邮票的实寄封是很难的了。

图9.8

为了宣传本届奥运会，法国邮政部门还印制了封票。封票共4枚，1枚图为地球上投掷标枪的运动员，远处有埃菲尔铁塔和巴黎市建筑；另1枚以本届奥运会的宣传画为图，画面是运动员入场的近镜头（图9.9）。4枚封票，两种图案，两种刷色。贴在邮件上的封票，随邮件传到各地，给奥运会增添了热烈

图9.9

图9.10

图9.11

图9.12

的气氛。封票在当时是免费在邮局自取，今天这4枚封票已卖到500多元，至于贴有封票的实寄封则属罕品了。

巴黎邮局在奥运会启用了3种机盖纪念邮戳（图9.10、图9.11、图9.12），同时还刻制了1种方形的小戳，盖在邮件上，借以宣传本届奥运会。

现代奥运会开赛以来，发行纪念邮票的都是主办国，这次非主办国乌拉圭发行了1套邮票。在本届奥运会的足球项目中，乌拉圭首次派队参赛。乌拉圭足球队在预赛中以7:0大胜实力颇强的南斯拉夫队，决赛中又以3:0击败瑞士荣获冠军。乌拉圭为此足球盛事特发行1套3枚的邮票，票图相同，取古希腊的雕塑胜利女神作图（图9.13）。雕像塑造了胜利女神迎风展翼的姿态，雕像在萨莫色雷斯发现时，头部和双臂已失。乌拉圭把胜利女神雕像设计在邮票上，借以庆贺夺冠胜利和表现该国的足球实力。乌拉圭邮政还刻制了纪念邮戳，盖在邮件上宣传乌拉圭足球的荣耀（图9.14）。该票有500套用黄色纸印刷，作为礼品赠送有关人士，邮局不出售，这套邮票的卖价目前在1800元左右，但有价无市。邮局公开发售了35000套，这个发行量也很小。

1920年在安特卫普奥运会初露锋芒的芬兰长跑运动员努尔米，在本届奥运会的跑道创造出奇迹般的成就。在夺得1500米金牌后的26分钟，又加入到5000米的决赛行列，结果又跑了第一。此后，他又以超乎寻常的毅力，在3000米（团体）、10000米和越野

图9.13

图9.14

图9.15

图9.16

赛中连夺金牌。努尔米为他的祖国芬兰争得荣誉，1973年努尔米逝世后，芬兰人在他的家乡树起一尊雕像（图9.15），他的勇往直前的精神永远激励着芬兰人民。蒙古1969年发行的历届奥运冠军8枚邮票中，有1枚将努尔米录入（图9.16）。

身高1.81米的美国运动员奥斯本采用"滚式"跳高新技术，跳过了1.98米的横竿，荣获金牌。他又在男子十项全能比赛中夺得冠军。在本届奥运会上获得2枚金牌，在巴拉圭的邮票上回放了奥斯本"滚式"越竿的一瞬（图9.17）。

图9.17

图9.18

美国1990年发行的美国奥运明星邮票，有1枚展示一位穿着裙子打网球的女选手魏特曼（图9.18），她以精湛的技艺，在本届奥运会网球的双打、混双赛中两度取胜。后来的"魏特曼杯"网球赛就是以她的名字命名的。

意大利竞走选手弗里杰里奥在3000米比赛中荣获金牌，他的形象出现在朝鲜邮票上（图9.19）。

图9.19

图9.20这枚小型张上的老人是什图克利，在本届奥运会他代表南斯拉夫参加体操比赛，夺得全能、单杠2枚金牌。在此后的1928年阿姆斯特丹、1936年柏林奥运会上，先后夺得吊环金牌、全能铜牌、吊环银牌。1998年在他百岁之际，斯洛文尼亚为这位体操寿星发行了这枚小型张，邮票以老人的头像和

图9.20

他当年体操姿势为图，小型张边纸的中上方印着金色的埃菲尔铁塔、荷兰风车、勃兰登堡门顶上的胜利女神战车雕塑，表示他在这3届奥运会上都取得了成绩。

为本届奥运会发行邮票的除主办国法国外，黎巴嫩、叙利亚两个地方使用了加盖票，非主办国乌拉圭还出了邮票。此外还有邮资明信片、纪念封、封票为本届奥运会添彩，奥林匹克邮品开始向多国、多元化方向发展。

十

1925年第8届奥林匹克代表大会
布拉格会议的纪念邮品

　　1924 年的巴黎奥运会闭幕后，翌年在布拉格举行了第 8 届奥林匹克代表大会和首届国际教育奥林匹克代表大会，大会的赞助者是捷克斯洛伐克总统马萨里克。捷克斯洛伐克邮政为纪念双会的召开，发行了邮票，印制了纪念封，特制了纪念邮戳。这是纪念奥林匹克代表大会的第一套票品，在奥林匹克集邮中占有一定的位置。目前，这些票品的收集难度较大，而且市场价格较贵。

　　这次会议的内容与邮事相关的有两项：

　　1. 通过了顾拜旦的辞呈。当时，担任国际奥委会主席近 30 年的顾拜旦年事已高，正式提出辞职，大会通过，并请他担任国际奥委会名誉主席。大会选举了比利时人拉图尔为第三任奥委会主席，拉图尔作为奥运历史上的重要人物，顺理成章地上了邮票（图 10.1）。

图10.1

　　2. 确定第 9 届奥运会在荷兰首都阿姆斯特丹举行，因为申办城市只有阿姆斯特丹一个。这就预示着先进的荷兰邮政将发行邮票，使主办国发行的奥运会邮票得以续接。

　　对这次双会捷克斯洛伐克当局很重视，该国邮政为这次会议发行了 1 套纪念邮票。这套邮票不是重新设计，而是利用现有的邮票加盖纪念文字。

　　此票于 1925 年 5 月 11 日发行，它是在"捷克斯洛伐克成立 5 周年"邮票上（图 10.2），加盖"奥林匹克代表大会 布拉格 1925"字样而成，加盖文字呈

图10.2

半圆形排列（图10.3）。这套加盖邮票共 3 枚，票图均为时任捷克斯洛伐克总统马萨里克肖像。加盖文字的刷色分黑色、红色两种。原票红色、绿色的 2 枚加盖黑色文字，蓝色的那枚盖红色，由于原票颜色深，加盖的文字显示不清，图10.4 将原票色彩淡化，凸现了加盖文字的位置。由于原票是附捐邮票，加盖后仍按附捐邮票出售，附捐的款项用于资助奥委会的活动。

图10.3

原票是用水印纸印刷的，水印的图案是捷克斯洛伐克花体字母"CSP"（捷克斯洛伐克邮政的缩写）组成的菩提树叶。当初，该票在印刷时水印纸随意入机，邮票的水印图案出现了横向、纵向的正、反、倒、反倒水印 8 种形态。水印的特征必然随着原票在加盖票中显现。集邮家研究的结论是，"布拉格双会" 3 枚加盖邮票的水印图案共有 4 种形态，如图 10.5 所示。4 种图案形态交叉"隐蔽"在 3 枚邮票中，每一

图10.4

图10.5

枚邮票都有可能出现 4 种不同的水印，这个有趣的现象在邮票中很少见，致使一些集邮者、邮商不断地观看对比水印形态特征，乐此不疲。后来，这套邮票

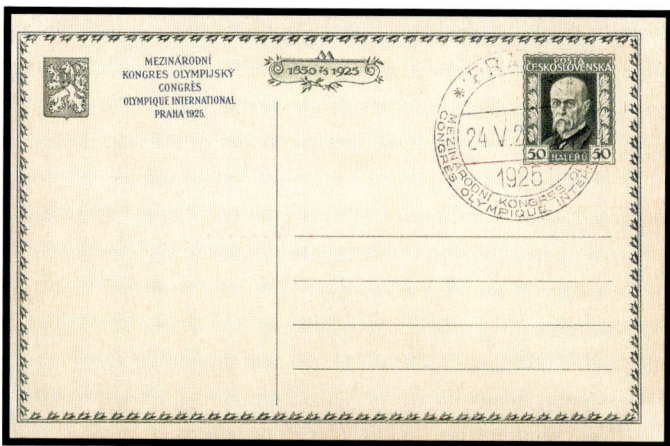

图10.6

的价格不断上涨，水印为集邮者辨别邮票的真伪、防止上当受骗提供了依据。

这套邮票的发行量很少，第 1 枚面值 50 + 50 海来为 28 万枚，第 2 枚是 11 万枚，第 3 枚面值 200 + 200 海来的只

有 5 万枚。这个数字表明该票只能凑出 5 万套，这个微乎其微的数量，使得全套邮票的标价较高。

捷克斯洛伐克还在"马萨里克总统诞生 75 周年纪念"邮资明信片的左上部加盖 5 行文字，意为"奥林匹克代表大会 国际教育奥林匹克代表大会 布拉格 1925"，加盖的文字有红、

图10.7

蓝、绿、黄、棕 5 种颜色（图 10.6），集邮家认为该片为 5 枚 1 套。

捷克斯洛伐克邮政部门还为这次会议印制了 800 枚纪念封，贴全套邮票并盖纪念邮戳出售（图 10.7）。此外，布拉格邮局在会议期间使用了滚动式的邮戳盖销信件，邮戳上刻有纪念奥委会会议的宣传文字（图 10.8），盖有这种滚动邮戳的实寄封也是难得的尤物。

第8届奥林匹克代表大会和首届国际教育奥林匹克代表大会布拉格会议"带来"的这些名贵邮品，许多集邮者并不喜欢，尤其是这套纪念邮票，因为票幅小，加盖文字就小得不够醒目；邮票的画面又是一个干枯的老头儿，没有表现出奥林匹克邮票的风采。但是又有不少集邮者在刻意地追求、收集它，因为编组一部奥林匹克历史邮集，上述邮品是不可缺少的素材。

图10.8

十一

1928年第9届阿姆斯特丹奥运会
纪念邮票及其他

第9届奥运会于1928年5月17日在荷兰首都阿姆斯特丹隆重开幕。参赛的国家有46个，比上届巴黎奥运会多两个，参赛的运动员3014名。中华全国体育协进会指派1位留学生以观察员的身份出席了本届奥运会。

荷兰邮政于开幕前的3月27日为本届奥运会发行了1套8枚的附捐邮票，票图撷选8个比赛项目展示（图11.1～图11.8）。邮票的出售方式，借鉴希腊

图11.1

图11.2

图11.3

图11.4

图11.5

图11.6

图11.7

图11.8

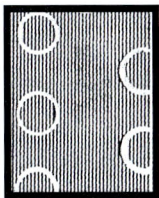
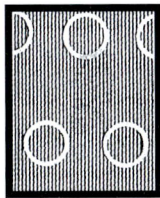

图11.9　　　图11.10

和比利时的经验，每枚收取不同数量的附加金作为赞助大会的经费。全套邮票面值为74分（Cents），售87.5分，其中附加的金额13.5分捐给奥运会。据后来统计，荷兰主办这次奥运会的开支，有1.5%的款项来自这套邮票。

邮票用水印纸胶版印刷，水印的图案由小圆圈组成。其中单人划艇和击剑2枚票的小圆圈水印呈纵向排列（图11.9），其余6枚邮票的水印为横向排列（图11.10）。

邮票的设计别开生面，首次把现代奥运会的比赛项目，如击剑、足球、马术、单人划艇等展示在邮票上。在此之前的希腊、比利时、法国发行的4套奥运邮票，均侧重表现古代奥林匹克的文化艺术，邮票画面的内容富有厚重的历史沉积。而荷兰这套邮票则把审美视点集聚在现时的奥运会上，并且去掉了那个年代盛行的票面边框装饰，使得邮票画面图文简炼，折射出现代体育比赛的勃勃生气和活力。这个设计思路，这种内容形式的创新，在今天洋洋大观的奥林匹克邮票中似乎平淡无奇，但在80年前的奥林匹克邮票设计领域，它为后人开启了设计思路，可以说在奥林匹克邮票史上留下可贵的一笔。

这8枚邮票是由两位邮票设计家设计的。其中4枚邮票票面的上部，都有一条绶带，绶带上的文字标明邮票的主题；票面下部的飘带与绶带呼应，飘带上印有国名，主图居中，这4枚邮票的设计者是麦斯。另外4枚由温克巴赫设计，国名直排票面之上，下排票名，主图也居票面中央。两位设计家以不同的手法，共同表现出荷兰中期邮票的艺术特征：构图简炼，主图突出，底色浓郁，面值的字体很大，均置于主图的空当之处，非常醒目，这些特征体现了20世纪初期荷兰邮票的造型艺术风格。

这8枚邮票的印量不均等，但都在6位数以上。其中面值30分那枚最少，为31万多枚，表明全套邮票有31万多套。这个印量适合在当时的邮政和集邮所需，但通信消耗量很大，全套的新票所余可能不多，市场标价人民币1000元左右。

荷兰邮政在为私企、社会团体订购的邮资明信片上，设计了宣传本届奥运

图11.11

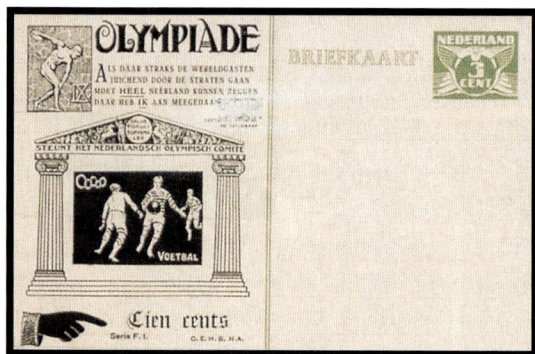

图11.12

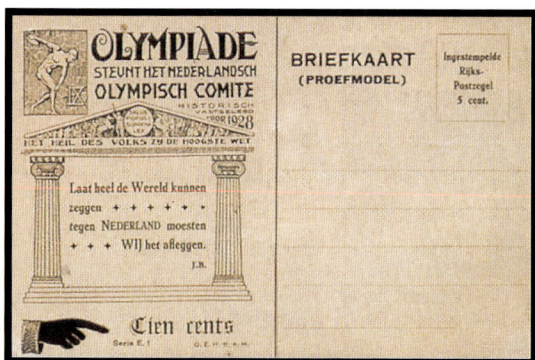

图11.13

会的图案。这种明信片是在当时使用的威廉明娜女王和海鸥图普通邮资片上加印的（图11.11、图11.12）。加印的图文内容有多种，但形式单调，艺术品位不高。此外，还有几种加印图文相同，但没有邮资图的明信片（图11.13），有的资料认为这是该邮资片的印样，欧洲邮商标价很高。

葡萄牙作为非主办国为本届奥运会发行了2枚邮票，在奥林匹克邮票的票种中创出了冷门。其中1枚是邮政捐税邮票，另1枚为欠资邮票。

邮政捐税邮票是一种带有"强制使用"性质的邮票，在邮政部门规定的时期内交寄的邮件，除按正常邮资标准贴足邮票外，还必须加贴这种邮政税票，否则邮局不予投递。邮政税票面值的金额用于社会慈善事业。葡萄牙这枚邮政税票面值15分，票面的上部印有奥运五环和1928字样，下部的双勾浅红字AMSTERDAO（阿姆斯特丹）和黑字PORTUGAL（葡萄牙）叠印，

主图是跨栏运动员和葡萄牙海船（图11.14）。此票于1928年5月22日发行，这是本届奥运会开幕的第5天，这枚邮票发行之后只使用3天，以此收入支付

图11.14

葡萄牙代表队参加本届奥运会的经费。

另发行的一枚欠资邮票票幅较小，面值30分，票面上也有五环和阿姆斯特丹字样（图11.15）。欠资邮票由邮局加贴在欠资邮件上，不向用户出售。

邮政税票和欠资邮票是两个票种，在邮票种类上和纪念邮票、普通邮票是"平级"的。葡萄牙邮政把纪念邮票的题材赋予了这两种邮票，使它们具有了双重的"身份"，在奥林匹克专题邮票中是仅有的特例。这两枚邮票的标价不高，但贴有这两种邮票的实寄封非常罕见。

非主办国乌拉圭于奥运会举行期间的7月29日再次发行邮票，因为乌拉圭足球队在决赛中，经过加时赛以2:1险胜阿根廷队再度荣获冠军。纪念邮票全套3枚，图案相同，

图11.15

图11.16

以初升的太阳寓意蓬勃的乌拉圭足球运动（图11.16），同时还印制了纪念卡（图11.17），可见该国对足球运动的重视。此套邮票用雕刻版印刷，可是在打孔时

图11.17

出了问题，面值5分那枚出现了齿孔大移位，而且数量较多，在今天的市场上不难买到。

加拿大1976年发行的邮票再现了当年该国运动员在本届奥运会取得的成绩。在女子跳高比赛中，凯瑟沃德越过了1.59米的横竿荣获金牌，她以跳高姿势美、容貌美、成绩好引人注目，被称为"奥林匹克小姐"。图11.18这枚邮票虽然描绘的是她越竿的一瞬间，但设计家却投入了长时间的思考。人们看到，邮票画面的上半部是凯瑟沃德腾空过竿的姿势和加拿大国名，下半部的空白呈现了空间感和高度感，使画面形成仰视效果，烘托运动员跳得很

图11.18

图11.19

图11.20

高，在世界各国发行的数百枚跳高邮票中，此票当属佼佼者。马尔代夫 1996 年为奥运女星发行的邮票中，第 1 枚就是凯瑟沃德（图 11.19）。另一位加拿大运动员威廉姆斯在男子 100 米、200 米短跑获得冠军（图 11.20）。图 11.21 是加拿大女选手罗森菲尔德，她获女子 100 米短跑亚军，在 4×100 米接力赛中跑出了关键的一棒，让加拿大荣登冠军宝座。

图11.21

日本运动员在本届奥运会中崭露头角。鹤田义行在男子 200 米蛙泳中取胜，为日本荣获第一枚游泳金牌。23 岁的田径选手织田干雄以 15.21 米的成绩夺得三级跳远的金牌。织田干雄的身体素质非常好，曾代表日本三次参加奥运会比赛，后来任体育记者、早稻田大学教授，著有田径训练等理论书籍多部。日本女选手人见娟枝曾在世界女子运动会上获得过跳远和立定跳远的冠军，在本届奥运会参加了 800 米比赛，获得银牌。人见娟枝一生献身体育事业，写有多部田径专著，可惜 24 岁英年早逝，未能在以后的奥运会上施展才华。日本邮政在"20世纪回顾"系列邮票第五组中，将以上三位优秀选手的成就列入"1928年题材"。图 11.22 是身着泳衣的鹤田义行得胜的场面，设计家把他身边

图11.22

图11.23

图11.24

图11.25

的人群用单色处理，以彩色突出鹤田的形象。图11.23把织田干雄三级跳远定格在腾空的一刹那。图11.24那枚邮票的画面是本届奥运会8月2日陆上比赛目录的封面。图11.25再现了人见娟枝在800米比赛中的历史镜头。

捷克斯洛伐克选手温图拉获得马术项目的个人障碍赛的金牌，他的荣誉铭记在该国1965年发行的邮票上（图11.26）。

另一位马术金牌得主德国选手朗根，在盛装舞步骑术项目中出类拔萃，赢得观众喝彩，德国1968年发行的19届奥运会邮票上的人物，就是头戴礼帽着

图11.26

图11.27

图11.28

图11.29

盛装的朗根（图11.27）。在这套邮票里还有一位金牌得主，她是女子花剑个人冠军迈尔（图11.28），那年她18岁。8年之后在第11届奥运会的花剑个人比赛中再为德国争得一枚银牌。

奥林匹克邮票的选题内容是没有国界的，多米尼加共和国把本届奥运会400米跨栏的金牌得主英国选手布尔克里镌刻在本国的邮票上（图11.29）。巴拉圭邮票记录的是十项全能冠军、芬兰运动员尤

图11.30

图11.31

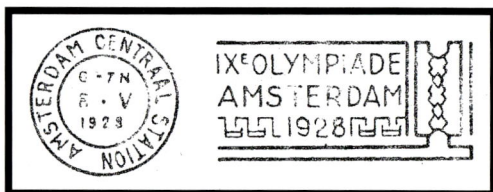

图11.33

图11.32

尔约莱（图11.30）。朝鲜邮票上的人物是本届马拉松赛跑的金牌获得者法国选手瓦菲（图11.31）。

荷兰阿姆斯特丹邮局曾在奥运会期间启用了一种五边形纪念邮戳，里面的五角星内刻有日期（图11.32）。另外还有1种机盖的纪念邮戳（图11.33），盖有这两种邮戳的封片虽然较为常见，但价格较贵。

荷兰还为本届奥运会印制了一种封票，票图是健跑的运动员，此票刷荷兰人喜欢的橙色（图11.34）。此外还有一大套明信片，以各项赛事为图。

图11.34

十二

1932年第10届洛杉矶奥运会邮品纪事

早在 1923 年国际奥委会第 22 次罗马会议上，洛杉矶就获得 1932 年第 10 届奥运会的主办权。洛杉矶利用充分的筹备时间，扩建了体育场，新建了游泳馆和奥运村，这些先进的设施是此前历届奥运会无法比拟的。美国邮政为纪念本届奥运会发行了邮票。

图12.1

图12.2

这套邮票共 2 枚。面值 3 分的主图是运动员的起跑姿势（图 12.1）；5 分那枚再选"掷铁饼者"作主图（图 12.2）。两枚邮票均以火炬和纪念文字组成的图案作边框，借以装饰邮票的票面。此票用雕刻版印刷，两枚邮票的刷色为紫色和蓝色，分别印在淡紫色和淡蓝色的纸上，纸色与邮票的刷色相匹配，不同的色调，使票面略显一点儿色彩层次。20 世纪 50 年代以前的美国邮票大多呈现这种印制特征。

两枚邮票的票幅较小，和普通邮票差不多，而且全套只有 2 枚，在所有主办国发行的奥运会邮票中该票全套枚数最少，票幅最小。这与希腊、比利时、法国、荷兰等主办国的邮票相比有点儿"低调"，而且和美国对本届奥运会的财政投入、组织规模也不大相应，这个缺憾是美国当时的邮票发行部门墨守成规而造成的。

图12.3

除了邮票之外，第10届洛杉矶奥运会组委会专用的邮资已付信封受到集邮者的关注。信封的左上角印有组委会的名址和本届奥运会的会徽（图12.3）。还有两种组委会新闻发布部门特印的邮资已付封，两种信封的规格和信封上的文字内容相同，只是邮资已付标志有黑色、红色之分（图12.4）。这些信封在使用时不用再贴邮票，所以管理较严，加上使用时间有一定的期限，又是作为公事信函，很难落到个人手中，在今天也是属于收集难度较大的品种。

非主办国没有为本届奥运会发行邮票的。意大利派出的参赛选手实力较强，为此意大利邮政印制了一种明信片宣传本届奥

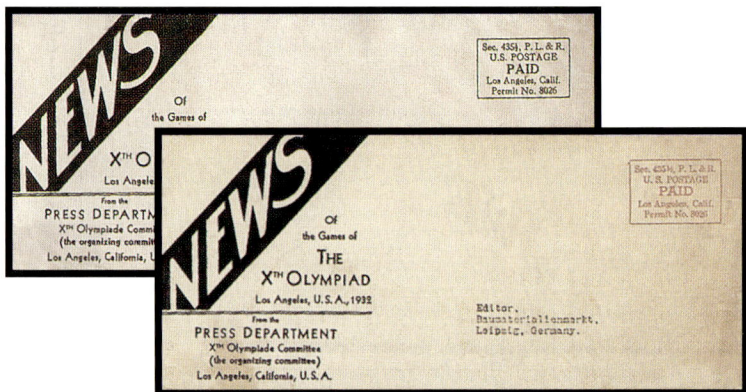

图12.4

运会。明信片的画面由三色的意大利国旗、五环和OLIMPIONICA ITALIANA—LOSANGELES（奥林匹克 意大利—洛杉矶）等文字组成（图12.5）。意大利选手不负众望，获得的奖牌总数名列第二。

在美国举办奥运会，对欧亚选手来说路途遥远，当时交通不便，旅费昂贵，致

图12.5

使参赛国锐减到38个国家；在参赛的1048名运动员中，美国占去337人。美国选手借天时地利在竞赛中取得优异成绩。美国女运动员麦迪逊在100米、400米自由泳和接力赛中共获3枚金牌。美国在1996年发行的奥运明星邮票中将她

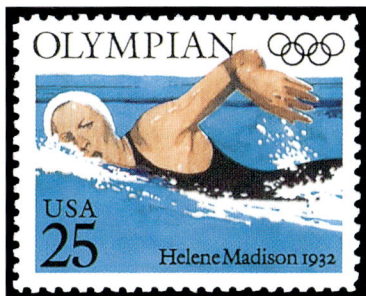

图12.6

图12.7

图12.8

选入（图12.6）。另一位美国女选手迪德里逊荣获80米栏、女子标枪金牌和女子跳高银牌。这位多枚奖牌的获得者，在多米尼加1956年发行的奥运明星邮票展示了她的风采（图12.7）。40年后马尔代夫在纪念亚特兰大奥运会的邮票上再现她的笑貌（图12.8）。巴拉圭邮票上的运动员是本届男子十项全能金牌得主美国的鲍什（图12.9）。

图12.9

图12.10

捷克斯洛伐克的举重选手斯科布拉克服了20多天旅途的劳累，在82.5公斤以上级比赛中获得金牌，捷克斯洛伐克1965年的奥运明星邮票表彰了他的业绩（图12.10）。

波兰在1984年为23届洛杉矶奥运会发行的邮票小型张中（图12.11），追记了52年前在同一个地点获得奥运金牌的两位波兰选手。左边那枚是荣获男子10000米赛跑冠军的库拉辛斯基，另一枚是夺得女子100米金牌的瓦拉谢维奇。两枚邮票的画面定格在两位选手冲刺的一刹那，非常精彩。小型张的边纸下部印着1932年奥运会金牌的图案。

几内亚比绍在纪念52年后的第23届洛杉矶奥运会的邮票中，将本届奥运会的几位金牌选手录入。图12.12的4位是日本游泳选手宫琦康二、北村久寿雄、清川正二、鹤田义行，他们在自由泳、仰泳、蛙泳中分别夺得金牌；110米栏

图12.11

  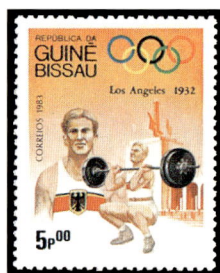 

图12.12   图12.13   图12.14   图12.15

的金牌得主为美国的塞林（图12.13）；德国的选手伊斯迈尔荣获75公斤级金牌（图12.14）；自行车团体追逐赛意大利队获得冠军（图12.15）。

　　美国弗吉尼亚州首府里士满邮局在奥运会期间启用了1种纪念邮戳，在圆形日戳右侧刻有"奥林匹克运动会"字样（图12.16）。由于里士满不是主办城市，所以盖有这种邮戳的实寄邮件少见。

图12.16

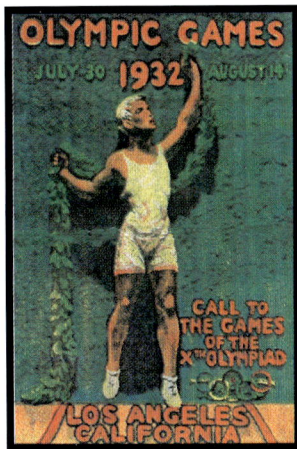
图12.17

美国为本届奥运会虽然只发行了2枚邮票，但洛杉矶、弗吉尼亚、加利弗尼亚邮局印制的封票却有数种。较常见的一枚以本届奥运会的宣传画为图，画面描绘一位身披橄榄枝叶的优胜者，欢呼第10届奥运会的召开（图12.17）。该封票无齿孔，票幅很大，犹如一张小画片。还有一种票幅小的，也未打齿孔，票面上印有教会的宣传语（图12.18）。除此之外另有打齿孔的封票，前文已作叙述不再赘言。

丹麦为本届奥运会印制的封票很精彩，多色套

图12.18

印的画面展现一位古代力士驾驶战车竞赛的场面（图12.19），此封票还打出了齿孔，与邮票异曲同工。墨西哥宣传本届奥运会的封票（图12.20）刷色有绿色和棕色两种，图案相同：一只叼着蛇的雄鹰站在罗马字"X"上，两侧及下部的"1932 OLIMPIADA"表明第10届奥林匹克运动会这个宣传主题。挪威的封票图案是一位站立的运动员手扶一面飘扬的挪威国旗。

中国首次派出一支由3人组成代表团参赛，运动员只有刘长春一

图12.19

图12.20

人，参加100米、200米、400米比赛。由于旅途疲惫，放弃了400米比赛，在100米、200米预赛中成绩也不理想被淘汰。

十三

1936年第11届柏林奥运会
——小型张、小本票、电报纸等新邮品志庆

　　1927 年德国申办第 11 届奥运会，并提出柏林、科隆、纽伦堡、法兰克福 4 个候选城市。申办本届奥运会的还有亚力山大、巴塞罗那、布达佩斯、布宜诺斯艾利斯、罗马、赫尔辛基以及爱尔兰的都柏林等城市，呈现十几个城市争办的局面。

　　1930 年，第 9 届奥林匹克代表大会在柏林举行，大会的赞助者是德国总统兴登堡。德国邮政为了表示对这次大会和奥林匹克运动的重视，特地刻制了 1 种纪念邮戳在会议期间使用。邮戳的中央图案是勃兰登堡门和五环标志，图案之下是排成半圆形的纪念文字（图 13.1）。这枚邮戳剪片所贴的邮票上，印着大会赞助者兴登堡总统的肖像。

　　1932 年国际奥委会的第 31 次会议决定由柏林主办第 11 届奥委会。1933 年希特勒上台，第 11 届奥运会面临严峻的局面。由于纳粹对犹太人和黑人的种族歧视，他们仇视奥运会种族平等的精神，希特勒表示不予支持。但他很快又改口同意出任大会总裁，这个转变完全出于借奥运会进行纳粹宣传、粉饰和平的政治目的。

　　是年 3 月，德国选出以迪姆任秘书长的组委会开始筹办本届奥运会。迪姆是德国著名的体育

图13.1

图13.2

教育家，尽管受到纳粹的攻击，但仍忠于职守。他倡议奥运会开幕前，在希腊奥林匹亚点燃火炬，由数千人接力传到柏林奥林匹克体育场。奥林匹克火炬的接力传递，弘扬现代奥运和古代奥林匹克精神密切相连的传统，这项活动具有很高的审美意境。这个倡议被采纳，火炬传递活动从本届奥运会开始一直延续至今。30多年后的德国邮政为颂扬迪姆对奥林匹克事业的贡献，在1968年发行的邮票上刻画了他的肖像（图13.2）。

1936年5月9日德国为本届奥运会发行一套邮票，共8枚，票面以各类比赛项目为图（图13.3、图13.4、图13.5、图13.6），其中面值12芬尼的邮票描绘了奥林匹克火炬接力跑的情景。8月1日奥运会开幕那天发行2枚小型张，每枚小型张含4枚邮票（图13.7），2枚小型张收进全套的8枚邮票。这是奥林匹克邮票中的第1枚小型张。

图13.3

图13.4

图13.5

图13.6

邮票由德国艺术家埃斯赫勒设计，设计家在构图上把这方寸小小的平面用足，利用对角的长度放置运动员悠长的体形，占据了邮票最大的幅面长度，充分表现运动员竞赛的力度。邮票采用雕刻凹版单色印刷，刀法刚劲有力，刷色浓郁。这套邮票从设计到印制凸现出第二次世界大战前德国邮票的特征。

该套邮票用水印纸印刷，水印图案为纳粹标志。小型张上的4枚邮票仍有纳粹标志水印，边纸上另有水印，上方的水印文字为"XI OLYMPISCHE SPIELE"（11届奥林匹克运动会），下边纸水印是"BERLIN 1936"（柏林1936）。可见小型张的水印是在造纸时专门为其设计生产的，为了宣传不惜工本。此套票为附捐邮票，附捐金额印在票面上。全套票面值113芬尼，附捐79

图13.7

芬尼，附捐金额相当于邮票面值的三分之二。小型张同样高出面值出售，其中无齿孔小型张非常珍贵，目前国外有关目录的标价每枚折合人民币已在6万元以上。

德国邮政除了发行第一枚奥林匹克小型张外，还印制了第一本奥林匹克小本票。小本票有两种，里面的邮票不同，封面也略有区别：第一种封面的对角线印

图13.8

有较宽的深色条杠（图13.8），另一种无条杠。封面有条杠的小本票价格在4000元左右，无条杠的标价低一些。

第一张奥林匹克电报纸也是德国为本届奥运会发行的，电报纸的图文由头戴橄榄枝的优胜选手、勃兰登堡门、五环以及德文第11届奥林匹克运动会构成（图13.9）。德国邮商对这种未使用的电报纸标价为160欧元。

德国邮政特为本届奥运会发行的邮品还有特印的邮资明信片。明信片2种图案，每

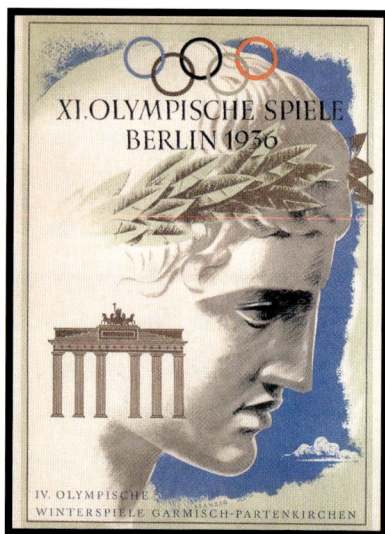

图13.9

图13.10

图13.11

种2个面值，一共是4枚。明信片的邮资图取本届奥运会会徽，会徽的图案是一座奥林匹克钟，中央一只纳粹党徽上的普鲁士鹰站立在奥运五环之上，昭示了德国法西斯的霸权主义。两枚明信片左侧的配图不同，一枚是新建的奥林匹克体育场（图13.10），该体育场由德国建筑家马尔赫兄弟设计，用大理石和花岗岩石料构建，可容纳10万人。另一枚的配图是帆船。此外，德国邮政还在普通邮资明信片上加印一些宣传本届奥运会的图文，如雕塑"掷铁饼者"、本届奥运会宣传画等。在明信片上还可见本届奥运会参赛国的旗帜（图13.11），其中有中国国旗，当年中国派出了69名的代表团，包括考察团和参赛的运动员赴柏林参加奥运会。

为了给奥运会制造气氛，德国其他城市的邮局还设计了不同图文邮资机戳在大会期间使用，今天，盖有这些邮资机戳的信封已经所见不多了。1936年8月1日在奥运会的开幕式上，"兴登堡号"大飞艇出现在体育场上空，场上气氛热烈。柏林邮局刻制一种没有日期、地点的纪念戳（图13.12），用紫色油墨

图13.12

盖在飞艇承载的邮件上。

　　非主办国没有为本届奥运会发行邮票，只有美国纽约邮局设计使用一种邮资机签条（图13.13）。奥地利邮政为本届奥运会刻制了一种纪念邮戳，供大会期间的邮件销票使用。

　　本届奥运会的杰出运动员是美国的黑人欧文斯，他在100米、200米、跳远和4×100米接力赛中共获

图13.13

图13.14

4枚金牌。欧文斯的成绩多次引发场内观众的掌声和欢呼声，但希特勒一见欧文斯取胜就匆匆退席，并拒绝给欧文斯发奖。可是全世界人民尊敬他，1956年多米尼加共和国的奥运明星邮票上，镌刻了他在跳远比赛中破纪录的一跃（图13.14）。美国1996年发行奥运明星邮票上，选取欧文斯短跑赛中准备起跑的镜头，表现力量和速度即将爆发的美（图13.15）。蒙古1969年的奥运明星邮票的画面，描绘他起跑的姿势，右上角有4块金牌昭示他的成绩（图13.16）。

　　在马拉松赛跑中，代表日本的朝鲜运动员孙基桢荣获金牌。当时朝鲜在日本统治之下，孙基桢在领奖时，乐队奏起日本国歌，此刻他低下了头，之

图13.15

图13.16

图13.17

后愤然撕毁了日本队服，大义凛然的民族气节，令后人敬佩。韩国1992年发行的奥运明星邮票上，再现了孙基桢在马拉松赛跑中的实况（图13.17）。多米尼加邮票表现的是孙基桢跑到终点冲线的镜头，在画面的左上角印着一面日本国旗（图13.18），表示荣誉属于日本，邮票图中的细节折射出朝鲜那一段屈辱的历史。

图13.18

图13.19

图13.19那枚捷克斯洛伐克邮票上的选手是该国体操运动员胡德茨，他在本届奥运会吊环单项比赛中获得金牌。捷克斯洛伐克1965年发行的这套邮票（包括前文所述的）没有表现出金牌得主的形象，人物形态过小，相关的图案装饰过于琐碎，邮票画面呆板，欠缺体育运动的活力和生气。

图13.20

法国运动员夏庆蒂挨（图13.20）

图13.21

在100公里自行车个人赛中夺冠。美国运动员莫里斯荣获男子十项全能的金牌。他们的成绩分别记录在朝鲜和巴拉圭的邮票上（图13.21）。

英国选手在本届奥运会男子双人双桨赛艇中荣获金牌，图13.22尼加拉瓜1976年发行的历届奥运会划船冠军邮票中，记录了索思伍德和贝雷斯福德两位选手夺冠的情景。

第11届奥运会留给集邮者的还有几种封票。1种是椭圆形，主图是本届奥运会会徽（图13.23），

图13.22

图13.23

奥林匹克钟两侧的文字（11届奥林匹克运动会和柏林1936）分别用德文、英文、法文、西班牙文、日文等17种文字表示，这种封票共有17

枚，免费供来自世界各地的运动员和观众贴用。另1种封票的图案是本届奥运会的宣传画（图13.24）。德国另一个城市慕尼黑贴用的封票是女神（图13.25）。

第11届 奥运会为德国法西斯粉饰和平起了推波助澜的作用，对本届奥运会的成功

图13.24

图13.25

与失误，历史自有评说。对集邮者来说，有关11届奥运会的邮品不仅品种多，珍品也多，足可以编组一部邮品内容丰富的一框邮集。

十四
第12届、第13届奥运会停办，
邮品尚存

古代奥运会在举办期间一切战争都要停止，为奥运会"让路"。现代奥运会却因为战争而停止，第12届、第13届奥运会为第二次世界大战"让路"而停办，在奥林匹克历史上留下缺憾的一页。所幸的是，当时为筹备、宣传这两

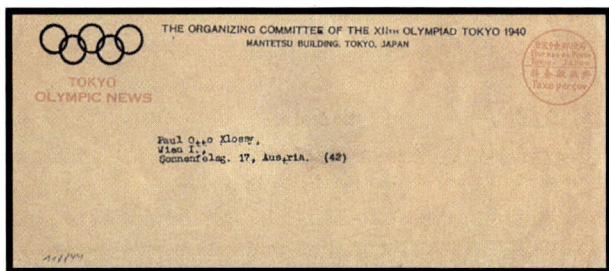

图14.1

图14.2

届奥运会的邮品，有些在战火硝烟中保存下来，让今天的集邮者管窥到这段历史片纸只字。

1936年柏林奥运会期间，国际奥委会举行第36届年会，就举办1940年的第12届奥运会地点进行投票。当时申办的城市有东京、罗马、伦敦、蒙特利尔、赫尔辛基等14个城市，东京和赫尔辛基获得决赛权，最后投票东京取胜。随后日本奥委会投入了筹备工作。日本第12届奥运组委会在筹备期间，印制了邮资已付公事信封，信封的左上角印五环

图14.3

图14.4

标志及"东京奥运会新闻"字样，右上角红色的圆形是东京中央邮局的邮资已付的标志（图14.1）。因为筹备期暂短，这种信封使用的不多，实寄封已经很少见了。

日本邮政还印制了明信片，其中一种图案是日本和朝鲜半岛地图，地图上绘有交通路线示意图（图14.2）。在1940年新年到来之际，又印制了三种迎奥运贺新年明信片，画面由五环、橄榄枝（图14.3）、日本国旗、地球、跳水运动员组成。日本当局将象征和平的橄榄枝印在明信片上，对其发动的侵略战争是绝妙的自我讽刺。

此外还有两种封票，图案是樱花和五环（图14.4）；另一种设计成圆形，图案由五环和单线勾出的富士山构成，图下是"第12届奥运会 东京1940"几个字，图文简练，表达意象明了（图14.5）。明信片和封票上的文字都是英文，没有日文，说明这些邮品是供来日本的外国旅游者或在寄往国外的邮件贴用。封票虽然不是邮票，但它也有收藏品的物以稀为贵的属性，目前这两种封票在国外的市场价格相当于人民币600元左右。

1937年，日本军国主义发动侵华战争。在1938年的国际奥委会开罗会议上，中国代表团抗议日本侵略中国，要求撤销东京的主办权，维护奥林匹克精神。随后日本奥委会宣布放弃第12届奥运会主办权。国际奥委会决定第12届奥运会改在芬兰的赫尔辛基举行，日期定在1940年7月20日到8月4日。

芬兰奥委会组委会很快投入了筹备工作，通过邮政媒介宣传奥运会是快捷有效的方法。于是赫尔辛基邮

图14.5

图14.6

局印制了一种无邮资明信片，左侧的配图由
5个圆组成五环形状，5个圆内有5处赫尔
辛基街景，在五环的右上部印有"奥林匹克
赫尔辛基1940"字样（图14.6），明信片的
设计意向，旨在宣传本届奥运会主办地赫尔
辛基的城市环境。1939年，赫尔辛基邮局
还将五环和"12届奥运会1940"的图文设
计在邮资机戳上（图
14.7），同时还用滚
动的宣传邮戳盖销
信件。这样，从赫
尔辛基寄出的信件，
几乎都有这两种戳

图14.7

记，其宣传效果不亚于邮票，图14.8是盖有滚动邮戳的实寄封。这类信封在市
场上不难见到，但价格不低，目前均在人民币600元左右。

芬兰的封票也设计成圆形，用不干
胶贴纸印制，图案是本届奥运会的标
志（图14.9）。非主办国印制的封票以
美国的最为精细，颇似邮票。画面是接
力赛跑，描绘的场面很大。这种同图的
封票有三种
刷色，有齿
孔，但见到
有无齿孔的
封票流市（图14.10）。美国的另一种封票以击剑为
图，精细得很像邮票（图14.11）。

在赫尔辛基筹备奥运会之时，欧洲上空战云密
布，战争即将爆发。1940年1月芬兰奥委会通知国

图14.8

图14.9

75

图14.10

际奥委会放弃主办权，第12届奥运会因战乱而"流产"。

早在1936年的柏林奥运会后，伦敦、洛桑、蒙特利尔、雅典等6个城市申办第13届奥运会。1939年国际奥委会决定，1944年的第13届奥运会在伦敦举行。由于第二次世界大战的战火频仍，第13届奥运会也未举行。

1944年是国际奥委会成立50周年纪念之年，也是国际奥委会确立的"奥运年"。这一年的奥运会虽未举办，但瑞士发行了一套纪念奥委会50周年的邮票，全套3枚，均以阿波罗太阳神的雕像为图，图14.12是其中的两枚。全套邮票

图14.11

图14.12

的色彩淡雅平和，流泻出奥林匹克倡导和平的精神，与当时残酷的战争环境和法西斯德国、奥地利、苏联等国发行的战争和反战内容的邮票相比，画面展现

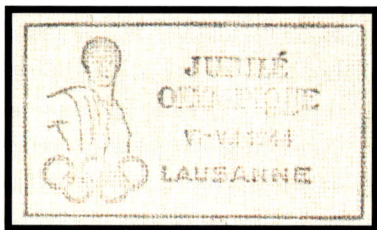

图14.13

的意向形成鲜明的反差。瑞士邮政还为这套邮票刻制了宣传戳（图14.13），盖在邮件上。这一年发行奥运题材邮票的还有法属印度支那，该地区为纪念"奥运年"发行1套邮票2枚，票图是一位亚洲运动员举臂向奥林匹克致敬（图14.14）。

第12届、第13届奥运会未能举行，使奥运史出现了两页空白。对奥林匹克集邮收藏而言，上述邮品倒是能将这两届"空白"充实一点，使邮品表现的奥运史连续下来。

图14.14

十五

1948年第14届伦敦奥运会
邮品渐丰

第12届、第13届奥运会没有举行。按照古代奥运会旧制，届次依旧有效，照次推算，下届奥运会应为第14届。

1945年，英国奥委会向国际奥委会郑重申请承办第14届奥运会。在战火刚熄的1946年，国际奥委会采用了通讯投票形式，决定由伦敦承办，日期定在1948年7月29日～8月4日。

万众瞩目的第14届奥运会如期举行。开幕式那天，英国邮政发行了纪念邮票，1套4枚。邮票主题呼喊出了全世界人民的心声：和平、和平、和平！

面值$2\frac{1}{2}$便士的邮票，蓝色作底，用两簇橄榄枝拥抱着地球；面值3便士的邮票，紫色作底，以奥运五环标识环绕着地球；面值6便士的邮票，粉色作底，五环中心是乔治六世的头像；1先令的邮票，咖啡色作底，手持橄榄桂冠的胜利女神飘飞在地球上（图15.1～图15.4）。

这套邮票无疑表现了世界人民渴求和平的愿望，然而，我们不能不还原到当时英国邮政当局

图15.1

图15.2

图15.3

的认知度上。就在这套邮票上，每一枚票图上都设计有英国乔治六世国王的侧像，而且占据了较大幅面，这种设计彰显了英国皇权至上的惯例，从而削弱了奥林匹克主题的力度。加之设计上的保守，全套邮票画面刻板，便受到了集邮者的冷漠。

图15.4

尽管这是60年前的邮票，但由于邮票超量发行——面值2便士那枚竟达1.5亿枚之多，因此至今难以大幅升值，今天的市价仅在人民币17～20元。

图15.5

此套邮票还有加盖改值的，供巴林（图15.5）、科威特（图15.6）、摩洛哥、丹吉尔、马斯喀特5个英国的"保护国"、殖民地、国际共管区贴用。以上5地加盖均为4枚1套，总共20枚，加盖的文字刷黑色。加盖的数量每套在8万～11万枚，其中马斯喀特加盖票略少，每枚在6万～9万枚。5地的加盖票市价都比英国的原票高出许多。

图15.6

1908年在伦敦举行的第4届奥运会英国没有发行邮票，这次英国邮政除了发行邮票外，还发行了纪念本届奥运会的航空邮资邮简（图15.7），这枚奥林匹克题材的第一枚邮资邮简，供出席奥运会的外国体育官员、记者、运动员和观众使用。此外邮政部门还把举行开幕式的温布莱体育场的外景加印在明信片上（图15.8），吸引人们购买留作纪念，借以增加邮政收入。

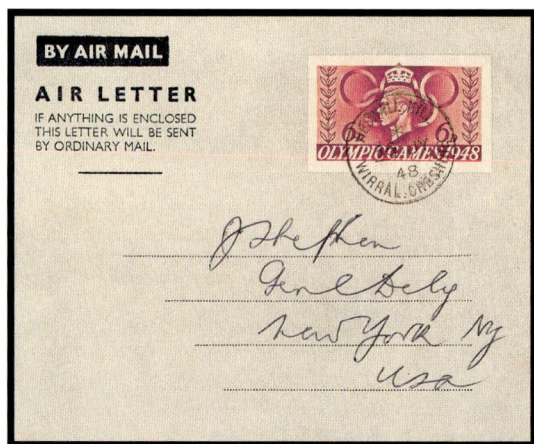

图15.7

图15.8

图15.9

本届奥运会的参赛国和地区有 59 个，韩国首次参赛，为此韩国发行了 1 套 2 枚的纪念邮票，2 枚邮票的主图分别是橄榄枝环中的韩国国旗和赛跑（图 15.9、图 15.10），邮票发行的首日还刻制了纪念邮戳（图 15.11）。

图15.10

图15.11

非主办国发行邮票的还有秘鲁，该国是第二次参赛，在射击项目中的男子自选手枪荣获 1 枚金牌。秘鲁发行了 4 枚邮票和由这 4 枚邮票组成的小型张，其中第 1 枚邮票的图案就是射击（图 15.12）。

奥地利虽然是第 1 届奥运会的参赛国之一，但从未发行过奥运纪念邮票。这次开了先例发行了 1 枚纪念邮票并带附捐，图为燃烧的圣火，用雕刻版单色印刷（图 15.13）。

纪念本届奥运会的邮票以摩纳哥的最为精彩。摩纳哥国土虽小，人口不多，但从 1920 年就参加奥运会比

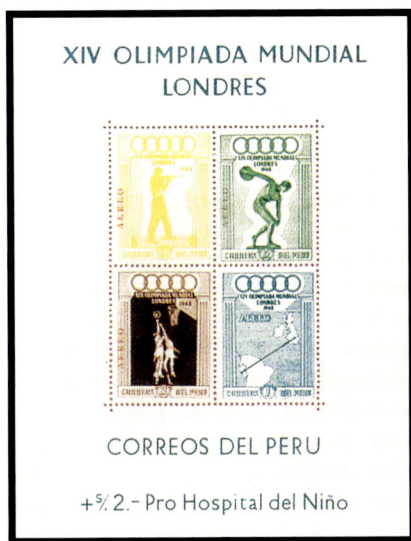

图15.12

图15.13

赛。这次发行的邮票 9 枚 1 套，邮票采用雕刻凹版印制。雕刻的刀法非常细腻，由点线构成的人物造型层

图15.14

图15.15

图15.16

次丰富，刻画出运动员的力量与健美（图15.14、图15.15）。9枚邮票的发行量随面值的增高而递减，面值越高发行量越小，后4枚为航空附捐邮票面值较高（票面上有一小飞机图案表示，图15.16），发行量仅6万多枚。邮票精美，全套数量少，在中前期的奥林匹克邮票中享有盛誉，目前该套邮票全品相的市价在500元以上。图15.17是用这套邮票中"男子赛艇8人单桨有舵手"那枚票制作极限明信片，20世纪50年代以前的奥林匹克极限明信片很少见。

非主办国为本届奥运会发行邮票的有韩国、秘鲁、奥地利、摩纳哥4国，另外还有巴林、科威特等5个地区，这个数字超过了往届。

战争剥夺了许多优秀选手的运动生命，新手又缺乏系统的训练，本届奥运会的总体水平不高，但还有一些运动员创出优异的成绩。荷兰女子田径选手布兰克尔斯—科恩，当年已30岁，是两个孩子的妈妈，她的田径"黄金时代"已被"二战"湮灭，但她壮心不已，以惊人的毅力连获女子100米、200米、80米栏、400米接力的4枚金牌。9年后的多米尼加邮票再现了科恩短跑冲刺的镜头（图

图15.17

图15.18

图15.19

图15.20

15.18）。蒙古国邮票表现了她跨栏的一瞬间，票面右上角的4枚金牌诠释了她在本届奥运会的成绩（图15.19）。1996年的马尔代夫邮票给了这位两个孩子的妈妈一个特写镜头（图15.20）。

著名的捷克斯洛伐克长跑运动员扎托倍克（图15.21）初露锋芒，荣获10000米金牌。当年他26岁，他的巅峰时刻显现在4年后的赫尔辛基奥运会上。捷克斯洛伐克曾经出过2枚邮票表彰他，早在1954年的体育邮票上，就真实地刻画了他的形象（图15.22）。

图15.21

图15.22

图15.23这枚邮票是特力尼达和多巴哥发行的，该国选手威尔克斯获60公斤级举重银牌，票面左侧是那枚银牌，右侧是他抓起杠铃准备举起的一刹。

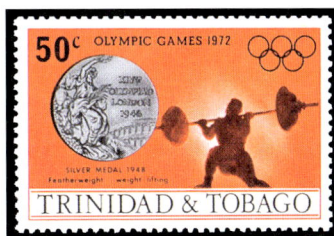

图15.23

美国选手17岁的中学生马塞厄斯在十项全能比赛中，遇到下雨的坏天气，赛程十分艰苦。赛后这个孩子光着脚投入父母的怀抱委屈地说："我再也不搞十项了"，可是4年后在15届奥运会上他蝉联十项全能冠军。图15.24、图15.25的多米尼加、巴拉圭邮票描绘了他掷铁饼、跨栏的情景。

体操夺冠赛基本上是在芬兰和瑞士选手中进行，瑞士

图15.24

图15.25

图15.26

图15.27

选手斯塔尔德获单杠金牌和双杠银牌，在团体赛的鞍马项目中成绩优异，1978年朝鲜将这位选手的形象搬上了邮票（图15.26）。

冰岛为本届奥运会印制了1枚封票，图案是五环、运动场塔楼和燃烧的圣火（图15.27）。

十六

1952年第15届赫尔辛基奥运会
——非主办国的邮票精彩夺目

　　1947 年国际奥委会在斯德哥尔摩举行会议，讨论第 15 届奥运会举办地点问题。当时申办的城市有赫尔辛基、阿姆斯特丹、斯德哥尔摩、雅典、芝加哥、洛桑等 9 个城市。通过投票赫尔辛基获得主办权。第 15 届奥运会定于 1952 年 7 月 19 日—8 月 3 日举行。

图16.1

图16.2

　　赫尔辛基曾多次申办奥运会，1940 年获主办权却因战争而停办，这次赢得主办权，芬兰人民欢欣鼓舞，积极地投入了准备工作。1951 年 11 月 16 日芬兰邮政发行 2 枚邮票，面值 20 马克的票图为新扩建的体育场和场前的

图16.3

白塔（图 16.1）。白塔是为纪念芬兰运动员叶尔维宁在 1932 年奥运会夺得标枪冠军而建，塔高 72.71 米，这是叶尔维宁夺得金牌的成绩。面值 12 马克的那枚是跳板跳水（图 16.2）。1952 年 2 月又发行 2 枚，图案是足球和赛跑（图 16.3、图 16.4）。4 枚邮票均有附捐金额，集邮者将这 4 枚邮票视为一套。

图16.4

这套邮票虽然由 4 位设计家各设计 1 枚，但风格还是很接近的。邮票用雕刻版印制，由两位雕刻师操刀。在放大镜下可见"跳板跳水"那枚邮票的雕刻手法粗犷，运动员的形体几乎都用不交叉的粗线条表现，刀法奇特，形象准确，雕刻这枚邮票的是劳伦雕刻师。其他 3 枚由埃克霍姆雕刻，线条纤细，运动员肢体肌肉刻画逼真，在这套幅面较小的邮票中难能可贵。

图16.5

图16.6

这 4 枚邮票的发行量各不相同，数量为 120 万～160 万枚不等。目前该套票的市场价格并不高，约合人民币 30～40 元。

芬兰邮政还用这套邮票的四方连制作了 1 种小本票，本票的封面是奥运纪念塔和纪念文字（图 16.5）。小本票按 4 套邮票的面值加附捐金额出售，售价 332 马克，未收工本费。小本票的数量不多，国外的标价比 4 套邮票的售价高出许多。

当时芬兰邮局还出售一种无邮资的航空邮简，供与会的外国人使用（图 16.6）。

为本届奥运会发行纪念邮票的非主办国（或地区）有 8 个，它们是摩纳哥、南斯拉夫、匈牙利、卢森堡、奥地利、法国、西柏林和萨尔。

匈牙利的 6 枚纪念邮票于 1952 年 5 月 26 日发行，其中 5 枚以匈牙利在本届奥运会的得奖项目为图。该票用影写版单色印刷，承印纸张有五角星水印。邮票的设计很精美，正菱形的票形非常抢眼，票幅又大，加之票面无边框，这就延伸了人们的视觉，使人们在深浅渐变的宽阔蓝色背景中，一睹女体操运动员栩栩如生的优美姿态（图 16.7）；运动员上方，赫然悬挂着奥运五环，还有

图16.7

图16.8

展翅欲飞的和平鸽，这便很容易使人们生出"卒章显其志"的联想，五环与鸽子小是小，可却一下彰显了作品的主题，邮票充分展现了匈牙利设计家特有的民族艺术魅力，令几代邮人赏心悦目。这套邮票由匈牙利著名的体育邮票设计家维特尔和卡尔共同设计，此票曾荣获1952年国际邮票设计奖。这套邮票还有无齿孔的（图16.8），它也以无齿孔票面的特有效果，更加延伸了人们的视觉，使人领略运动员富于动感的生命韵律。《匈牙利邮票目录》的标价无齿票是有齿价格的10～15倍。

南斯拉夫的6枚邮票也很精彩，设计家把邮票图文设计在加纹有色纸上，邮票画面无边框。主图以速写形式勾勒出运动员竞赛动作的瞬间，运动员一举手，一投足，都表现出生命的灵动。作品走笔简练，造型准确生动，凸现了奥林匹克运动的青春活力（图16.9、图16.10）。此套票还有6枚无齿孔的，很少见，国外标价约合人民币4500元。此外，当时的特里雅斯特B区（即南斯拉夫人民军管理署的特里雅斯特自由区）在该套邮票上加盖地区文字使用（图

图16.9

图16.10

图16.11

图16.12

16.11），这种加盖票也较少见。

　　摩纳哥发行了1套10枚的正菱形邮票，照例由法国用雕刻版印制，色彩浓郁浑厚，在20世纪50年代的体育邮票中也属上乘之作（图16.12）。西柏林的3枚邮票图案相同：五环、火炬和橄榄枝（图16.13）。

图16.13

　　法国在本届奥运会闭幕后1年多发行了1套6枚的邮票。此票不仅发行时间滞后，而且票面上没有五环和奥林匹克字样，当时一些集邮者认为是一般的体育邮票，后看到法国邮票目录将此票冠名为"赫尔辛基奥运会"，而且票面上的人物和比赛项目都有具体的所指，才认定此票为奥林匹克专题邮票。邮票记录的是5000米和10000米长跑银牌得主米蒙；男子花剑金牌得主克里斯

图16.14

坦·多里奥拉（图16.14）；男子400米自由泳金牌得主布瓦特（图16.15是他签名的极限明信片）；男子10000米双人划艇金牌得主蒂尔里尔和洛德（图16.16极限片上有两位明星签名）；马术个人障碍赛金牌得主皮埃尔·多里奥

图16.15

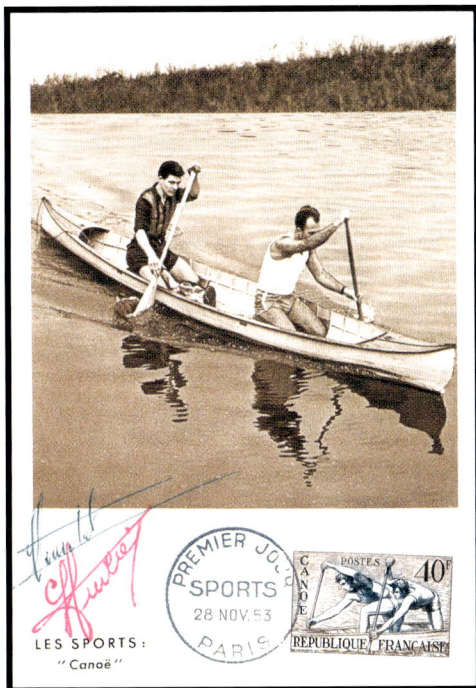

图16.16

拉（图 16.17）等 6 位选手。这是世界第一套以奥运明星为题材的邮票，为日后各路奥运明星登上邮票这"小舞台"开创了先河。这套邮票中另有 2 枚加盖 CFA（法属非洲殖民地）改值票，供留尼汪岛贴用（图 16.18）。这 2 枚票的标价约合人民币 700 元，比 1 套 6 枚的原票高出 1 倍。

捷克斯洛伐克的扎托倍克在上届伦敦奥运会初露锋芒后，在本届奥运会上大显身手。先后夺得 5000 米、10000 米和马拉松跑的 3 枚金牌，捷克斯洛伐克 1965 年发行的奥运金牌邮票中褒扬了他的成就（图 16.19）。

本届奥运会中，特立尼达和多巴哥 1972 年的邮票，表现了举重选手威尔克斯和基尔戈分获 60 公斤级、90 公斤级的铜牌（图 16.20）。

图16.17

图16.18

图16.19

图16.20

在女子短跑项目中，澳大利亚的选手占有优势。杰克逊夺得 100 米、200 米 2 枚金牌，澳大利亚在 1998 年追记本国奥运明星的邮票中，再现了杰克逊当年的风采和赛跑的英姿（图 16.21）。

牙买加运动员夺得了男子 4×400 米金牌，28 年后牙买加邮政把这历史的一幕描绘在邮票上，4 枚横连的邮票主图是接力跑的 4 位选手：文特、拉图、莫克肯雷、罗丹（图 16.22）。

图 16.23 的保加利亚邮票，反

图16.21

图16.22

图16.23

映了该国拳击选手格拉基耶夫在 75 公斤级比赛中得到的铜牌奖励。

蒙古国邮票上的拳击选手是金牌得主是匈牙利选手帕普，他在 71 公斤级拳击比赛中荣获冠军（图 16.24）；朝鲜把他的头像置于邮票的主图（图 16.25），这位拳坛上的重要人物在 4 年后的第 16 届奥运会还有突出表现。

在男子双人单桨有舵手赛艇比赛中，夺得金牌的法国队被尼加拉瓜 1976 年发行的"历届奥运船

图16.24

图16.25

图16.26

图16.27

赛冠军"邮票所选中（图16.26）。

新西兰于2004年发行1套4枚采用新工艺印制的邮票，其中1枚录下了该国的女子跳远金牌选手威廉斯。在翻动邮票时，画面呈现她助跑、跃起、落地的三个连续动作，精彩而又有趣味（图16.27）。

第15届奥运会留给集邮者的邮品，还有赫尔辛基邮局在奥运会期间启用的纪念邮戳（图16.28是盖有这种邮戳的实寄封）。

赫尔辛基奥运会规模空前，有69个国家或地区的4925名运动员参赛。中华人民共和国体育代表团一行40人首次参加奥运会，会场上升起五星红旗。代表团因行期受阻而迟到，仅吴传玉1人参加了100米仰泳比赛。

第二次世界大战以后的奥运会逐渐出现新的变化：规模扩大，项目增加，竞技水平快速提高，影响面日益深远，奥林匹克的邮票发行已引起各国邮政的关注。本届奥运会主办国和非主办国发行的邮票共计44枚，若加上匈牙利、南斯拉夫的两套无齿票则达56枚之多。不仅数量超前，在设计、印制方面均有新意，这意味着奥林匹克邮票的发行大潮即将到来。

图16.28

十七

1956年第16届墨尔本奥运会
——各种纪念邮品的数量增多

申办第 16 届奥运会的城市有 10 个，除了澳大利亚的墨尔本之外，其余 9 个城市全在美洲。1949 年国际奥委会罗马会议决定 16 届奥运会在墨尔本举行，会期定在 1956 年 11 月 2 2 日～12 月 8 日。

1951 年墨尔本就马术项目提出异议，按照澳大利亚的法律，牲口入境后必须经过 6 个月的隔离检疫。但参赛马匹一经隔离停止训练，就会影响成绩，经多次谈判未能达成一致意见。后来奥委会将马术比赛改在瑞典的斯德哥尔摩举行，这样出现了两个国家举办同一届奥运会的局面，由此又导致了两个主办国为同届奥运会发行邮票的事例。

图17.1

澳大利亚邮政计划发行 2 套纪念邮票。1954 年 12 月发行 1 枚，1 年后又出 1 枚，2 枚邮票图案取本届奥运会的宣传画，用雕刻版单色印刷（图 17.1），集邮家把这 2 枚视为 1 套。当年意大利奥委会通过《体育—集邮》杂志评选世界最佳体育邮票，此票得到意大利奥委会的奖励。

1956 年 10 月 31 日又发行了 4 枚邮票，第 1 枚、第 2 枚以墨尔本城徽、火炬为图，用雕刻版印刷（图 17.2、图 17.3）。另外 2 枚用影写版彩印，1 先令那枚由伦敦哈利

图17.2

图17.3

图17.4

图17.5

逊公司承印，票图为墨尔本格林士街景（图17.4）；面值2先令的票图为雅拉河畔的墨尔本，蓝色的雅拉河流经墨尔本城，两岸有多座桥梁连接，景色十分优美（图17.5）。这枚邮票委托瑞士科沃艾塞公司印制，色彩纯净，层次鲜明，纸面光洁，就印刷工艺而言，在当时的影写版邮票中应属佼佼者。这两套邮票策划的分期发行方式，为此后的奥运会主办国发行多套系列邮票作出了开创性的示范。

图17.6a

因为马术比赛在瑞典举行，瑞典作为主办国发行了邮票。邮票用雕刻版印制，三种面值的刷色分别为红、蓝、绿三色，票图叫"古希腊骑手"（图17.6），这是根据雅典卫城巴台农神庙的雕像绘制的。这套邮票采取卷筒和小本票形式印制，在裁切时往往触及票边的齿孔，造成了齿孔的多种状态。三种面值的卷筒票每枚横向连接，上下两边裁切，故上下两边无齿孔，而左、右两边则有齿孔（图17.6b）。小本票只有面值20欧尔、25欧尔两种，小本内的邮票由于连接和裁切形式，造成了左边或右边无齿孔，其余三边皆为有齿孔的状态（图17.6ac）。这样加上卷筒票共有7种齿孔状态，细心的集邮者视此票为7枚1套。

图17.6b

图17.6c

瑞典这套邮票的三种颜色都比较浅，削弱了雕刻凹版厚重的感染力，再者票幅较小，使它在主办国发行的邮票中不那么抢眼。但作为奥林匹克邮票中的第一套卷筒邮票，以及它多样的齿孔状态，给集邮者平添了收集乐趣。

澳大利亚邮政还为本届奥运会发行了1种航空邮资邮简，邮资图取墨尔本城徽，左侧的配图是容纳12万人的美因体育场（图17.7）。澳邮政部门还刻制了有52种比赛项目图案的邮戳（图17.8）供集邮者加盖留念。图17.9是澳大

图17.7

图17.8

利亚邮政发行的1枚无邮资明信片，用光面布纹卡纸印刷。左下角的花框内供集邮者贴票盖戳的位置，但花框设计较宽，盖戳后影响邮戳的图文，设计上的缺欠造成用此片贴票盖戳的不多。

这次奥运会共有20个非主办国或地区发行了纪念邮

图17.9

票，其中不乏设计佳作。荷兰的5枚邮票有4枚表现竞赛项目，设计家采取黑白剪影形式表现主图，造型简练，形象逼真，票面图文简洁。其中1枚"短跑"（图17.10）被英国《集邮者双周刊》杂志读者评选为1956年最佳邮票。

联邦德国发行的一枚邮票，用回纹图案和椭圆形跑道组成面值"10"芬尼，五环居中（图17.11），沉稳的装饰手法把喧器的比赛场面融入了"静态"之中。与

图17.10

图17.11

图17.12

图17.13

此形成鲜明对比的是匈牙利邮票，仍然保有色彩艳丽、画面活泼的艺术风格（图17.12）。

韩国发行的2枚票图案相同（图17.13），2枚票各有一个作为赠品的无齿孔小型张（图17.14），每个小型张的发行量只有1000枚。在今天奥林匹克专题集邮者众多、需求量骤增的情况下，这2枚小型张的市场价格必是令人望而生畏的，韩国邮票目录最新标价为680万韩元，折合人民币3.4万元左右，当属奥林匹克专题集邮之珍品。

苏联及东欧国家的选手在本届奥运会比赛中渐呈强势，苏联、波兰、民主德国、罗马尼亚、保加利亚、捷克斯洛伐克等国首次发行奥运会邮票以资纪念，图17.15为苏联发行的邮票。

波兰为本届奥运会发行了1套6枚的邮票，用雕刻版和胶版套印。后来该国选

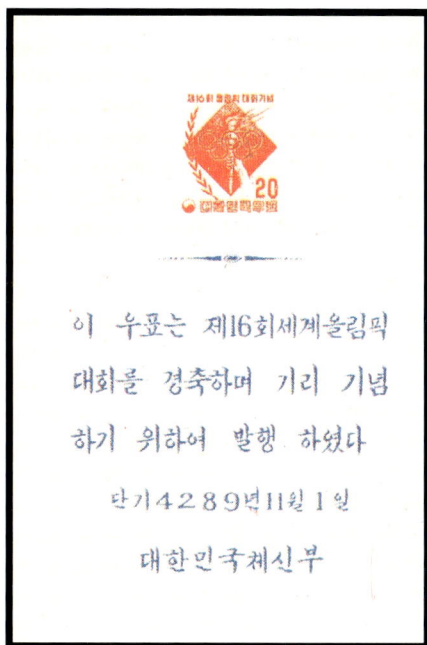

图17.14

手克舍辛斯卡以6.35米夺得女子跳远金牌，波兰邮政于获奖后1个月为此增发1枚邮票予以表彰，邮票的画面是她跃起在空中跨步的姿势和她创造的成绩"6.35m"（图17.16）。

图17.15

图17.16

本届奥运会东道国澳大利亚的运动员，有几位金牌明星在 40 年后出现在澳大利亚邮票上。邮票设计成横双连形式，左枚是他（她）们夺冠时的头像，右枚是比赛中抢拍的镜头。图 17.17 是卡思伯特，她夺得了女子 100米、200 米、4×400 米接力 3枚金牌，当年她 18 岁，被人称为"金姑娘"。图 17.18 邮票上的女选手叫斯特里克兰，她在 8 年前的伦敦奥运会上夺得女子 80 米栏铜牌，在赫尔辛基奥运会这一项目中荣获金牌，本届奥运会再得金牌。有"世界泳后"美称的弗雷泽（图 17.19）在女子100 米、400 米自由泳中夺得1 金 1 银的好成绩。男子 400米、1500 米自由泳 2 枚金牌由罗斯获得，图 17.20 是他在比赛中的泳姿。这套邮票的

图 17.17

图 17.18

图 17.19

图 17.20

主图均为棕褐色，用象征金牌的金色衬托，金色的处理有浓有淡，显现出渐变的色彩效果，这种处理方法在铺金色的邮票中并不多见。

匈牙利选手帕普曾在第 14 届、第 15 届奥运会连夺 2 枚拳击金牌，在本届奥运会上再得 71 公斤级金牌。1999 年在国际体育记者协会成立 75 周年纪念活动中，被评为 20 世纪的 25 名最佳运动员之一。2006 年匈牙利纪念他夺金 50

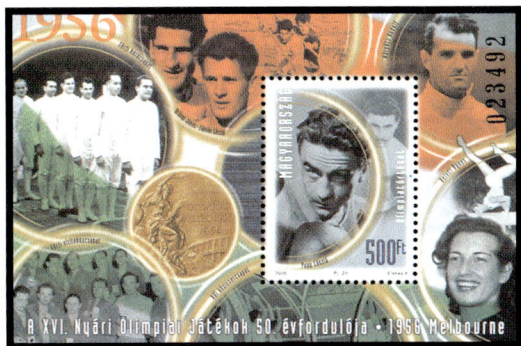

图17.21

图17.22

周年发行 1 枚小型张，邮票上展现了帕普的当年风貌。设计家利用小型张的边纸再次展示了几位匈牙利的夺金明星，左上部的乌尼拉和法比尔是男子 10000 米双人皮划艇金牌得主，右上角的卡尔帕蒂是男子佩剑个人冠军，右下角是荣获女子高低杠和平衡木 2 枚金牌的凯莱蒂（图 17.21）。小型张以灰色调为主，色彩黯淡，表示逝去的岁月曾有过的辉煌。

爱尔兰的德兰尼夺得男子 1500 米金牌，图 17.22 是爱尔兰为他夺金 50 年发行的邮票，再现了德兰尼肩披擦汗毛巾刚刚得胜的一刻。德兰尼的形象还出现在朝鲜邮票上（图 17.23）。

图17.23

加拿大选手奥利特在男子小口径步枪 60 发卧射项目中夺冠，加拿大邮票上再现了他半跪持枪的姿势（图 17.24）。多米尼加邮票选择了他卧射的情景（图 17.25）。

多米尼加礼赞本届奥运会的金牌选手，特地发行了 3 套 24 枚邮票，票形首次采用三角形和倒三角形（图 17.26）。这 3 套邮票是为他国运动员唱赞歌，3套票在票形设计、有齿、无齿票兼备和小型张组成的大全套数量，均史无前例。

图17.24

更引人注目的是，这 24 枚邮票记载的 24 位金牌得主都是美、英、法、意等西方国家的选手，而获得金牌和奖牌总数都超过美国的苏联，以及东欧国家的金

图17.25

图17.26

图17.27

牌得主均被排斥在外。当年东、西方冷战的阴霾竟然笼罩在邮票设计领域，可见此套票的策划设计立场鲜明，用心良苦。尽管这一大套邮票在内容上有所偏颇，但它是在奥运会闭幕后几个月陆续发行的，在时间上紧靠本届奥运会，在较短的时间内颁布了邮票金牌榜，还是难能可贵的。其中两套邮票采用影写版印制，运动员的姿态和形象均为当时的实景照片，如图 17.27、图 17.28 的马拉松、

图17.28

图17.29

男子十项全能金牌得主法国选手米蒙和美国的坎贝尔，邮票的画面都是当年的比赛实景，运动员的着装、跑鞋、动作姿态均具一定的史料价值。

在斯德哥尔摩的马术赛场上，德国选手温克勒夺得障碍赛个人的金牌，他被记录在马里 1994 年发行的邮票上（图 17.29）。

图 17.30 为保加利亚 1996 年的邮票，反映了该国选手

图17.30

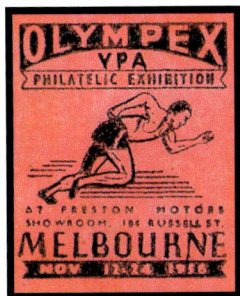

图17.31

斯坦切夫在79公斤级自由式摔跤夺金的情景。

澳大利亚集邮协会在奥运会期间举办了邮展，并印制了纪念张（图见第三节奥林匹克邮品林林总总）和封票（图17.31）。

国际奥委会在1954年雅典年会上，承认了中华全国体育总会为中国奥委会，但又保留台湾的"中华民国奥委会"，并规定新中国以"北京中国"、台湾以"台湾中国"名称派团参赛。1956年1月，中华全国体育总会发表声明，强烈抗议国际奥委会分裂中国的做法，宣布拒绝参加第16届奥运会。

十八

1960年第17届罗马奥运会
邮品如潮

    15个城市申办第17届奥运会。当时的罗马、布鲁塞尔、洛桑、东京、洛杉矶、纽约、里约热内卢，都是经济文化发达城市，极具竞争力。一轮轮会议，一项项论证，一场场考察，一次次竞争，直到最后一轮投票，罗马方才胜出，那时的罗马成了世人瞩目的中心。

    罗马，这座具有2700多年历史的文化名城，确实以其非凡的实力征服了奥委会评委。人们走进罗马城，犹如徜徉在一座巨型的露天历史博物馆中，人们触摸着历史，这边是珍贵的名胜古迹，转过身去，又可以看见比比皆是的残垣断壁。罗马以其厚重的文化历史赢得了评委的青睐，又以绝无仅有的古迹画面吸引了成千上万的集邮者。

图18.1

    意大利邮票设计家捷足先登，1959年就为本届奥运会发行了第1套纪念邮票。在第1套邮票中，人们可见迪奥斯库里喷泉方尖塔票图，这枚以杏黄底色作为背景的图案，将五环标识与方尖塔上端交错，显示着罗马城在奥运精神激励下的蒸蒸日上（图18.1）；人们还会见到卡尔卡拉温泉浴场票图，这枚以鹅黄底色作为背景的图案，横向铺排了著名的卡尔卡拉温泉浴场，就连这古老浴场，也因五环高悬而展示着青春活力（图18.2）；还有

图18.2

国会大厦那巍峨雄伟的古钟楼，被安排在淡蓝色的背景中，仿佛钟楼在五环精神鼓舞下直伸展进广阔无垠的蓝天中（图18.3）以及康斯坦丁凯旋门和马森其奥大教堂，这5枚邮票全部撷选自令罗马人引以为荣的古建筑，展示着罗马悠久的历史。

1960年6月，距本届奥运会开幕还有两个月，意大利邮政当局不失时机地又推出了1套9枚的纪念邮票。邮票

图18.3

图18.4

按面值顺序，图案为：本届奥运会会徽（图18.4是用会徽邮票制作的极限明信片），会徽由罗马城徽和五环组成。罗马的城徽是"母狼哺育二婴"，据《罗马史诗》记载，罗马第一任国王罗莫洛是被母狼哺育的两个婴儿中的一个，罗马这个词汇也是从"罗莫洛"演变而来。罗马人视母狼为恩兽，便以母狼育婴雕像作城徽。本届奥运会的会徽以城徽作主图，向人们昭示了比赛地点和厚重的古罗马文化。后面的票图依次为奥林匹克体育场（图18.5），古代雕塑"罗马执行官"（图18.6），室内赛车场，古希腊雕塑"掷

图18.5

图18.6

图18.7

铁饼者"（图 18.7），
体育馆（图 18.8），古
代雕塑"拳击手"，小
型体育馆（图 18.9），
古代雕塑"角斗者"（图

图18.8

图18.9

图18.10

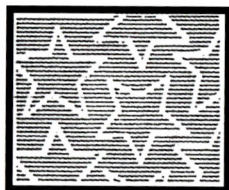
图18.11

18.10）。与第 1 套邮票相比，显然第 2 套票更多地掺进了人文色彩。

4 枚古代雕塑邮票用雕刻印制，其余 5 枚和第 1 套 5 枚用水印纸影写版印制，水印的图案为连续排列五角星（图 18.11）。这两套邮票的发行量很大，第 1 套 5 枚邮票有的为 1000 万枚，多的到 2000 万枚。第 2 套的第 1 枚会徽图面值 5 里拉，因面值低发行量达 1 亿枚，其余 8 枚按面值的高低确定发行量，在 1000 万～7500 万枚。这么大的发行量在当时已经超前，在今天的市场价格仍处低位，第 1 套 5 枚新票仅卖人民币 10 元，第 2 套人民币 24 元。

参加本届奥运会的国家或地区达 84 个，规模空前。有 48 个非主办国（或地区）为本届奥运会发行纪念邮票，这个数字也是空前的。非洲的突尼斯、摩洛哥、苏丹首次参赛，三国分别发行纪念邮票，图 18.12 的突尼斯邮票，虽然委托法国用雕刻版印刷，但票图仍洋溢着北非伊斯兰国家的艺术风格。

圣马利诺是在意大利境内的一个小国，距罗马不远，派队参赛经费不高。

圣马利诺邮政为本国选手首次参赛，发行了 1 套 14 枚的邮票和小型张。邮票的画面简练，底色用一种颜色的两个色调衬托运动员的

图18.12

图18.13

图18.14

竞技姿势，运动姿态略有夸张，非常优美（图18.13、图18.14），令人赏心悦目。

图18.15

图18.16

希腊发行的1套11枚的邮票，用古希腊瓶画的人物造型形式，描绘了古代奥运会从宣布城邦休战、点燃圣火、各项竞赛到给胜者戴花冠（图18.15）的全过程，让人遐想联翩。

德国的4枚雕刻版邮票，在五环的背后隐约可见古希腊运动员比赛的身影，这种效果是雕刻家用线条的疏密巧妙地表现出来的（图18.16）。

法属赤道非洲（包括加蓬、乍得、刚果和中非）四地，于1960年8月宣告独立，法属赤道非洲解体。新独立的加蓬、乍得、刚果和中非四国为表示对奥林匹克的参与，特

图18.17

将原法属赤道非洲1953年的航空邮票加盖五环和纪念文字，并改国名，改面值，于1960年12月15日同时发行（图18.17）。此时罗马奥运会虽已闭幕，但这4枚邮票记录了新兴国家对奥运会的参与精神。4枚邮票的图文除国名

图18.19

图18.18

不同之外，其余都一样，集邮者在收集时要仔细观察，以免重复收进。

其他非主办国的邮票在设计上也注意表现民族特色。非洲的黑人善跑，索马里邮票的画面都是赛跑，设计家用剪影的形式描绘出非洲黑人运动员独特的赛跑姿势（图18.18）。土耳其邮票着意突出运动服

图18.20

邮票图说奥林匹克运动

图18.21

上的星月标志（图
18.19）。匈牙利邮票
以自己的邮票艺术
形式再现了罗马的
城徽（图18.20）。

为本届奥运会
发行邮票的亚洲国
家逐渐增多，阿富
汗、伊朗、菲律宾、
也门、韩国、叙利亚等十几个国家出了邮票，有的国家邮政部门还印制了首日
封为奥运会添彩。图18.21是韩国的首日封，所贴奥运邮票图为举重和首尔（汉
城）南门崇礼门，首日封的配图是24年前在柏

图18.23

林奥运会马拉松赛跑中夺金的孙基祯，韩国人
民永远不会忘记
这位有民族气节
的运动员。

本届奥运会的

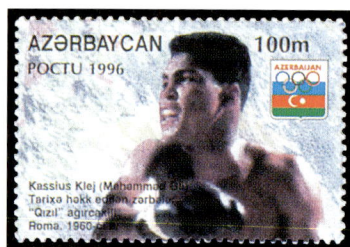

图18.22

金牌明星邮票有著名的拳王阿里（图18.22，阿
塞拜疆邮票1996年发行）在本届奥运会初露锋
芒，夺得了81公斤级的金牌。他本名叫马塞勒
斯·克莱，为了抗议美国的种族歧视，不愿沿
用奴隶主的姓氏，改名阿里。在罗马夺
金后仍受种族歧视之害，一怒之下把这
枚金牌扔进了俄亥俄河。

罗马尼亚女子跳高选手巴拉斯跳过
了1.85米的高度荣获金牌。巴拉斯12
岁开始接受跳高专业训练，她的两腿修
长，坐地时双膝比头还高出一截。罗马

图18.24

图18.25

尼亚当年发行的"奥运金牌选手"邮票中，有一枚是1960年奥运会女子跳高金牌（图18.23），票面上虽然没有金牌得主的形象和名字，但这枚邮票无疑是表彰巴拉斯的。后来的朝鲜邮票把巴拉斯的玉照放在画面上（图18.24）。罗马尼亚的另一枚金牌邮票奖励给多项飞碟射手杜米特列斯库（图18.25）。

有"黑羚羊"之称的美国黑人短跑女选手鲁道夫，4岁时患肺炎、猩红热，11岁时不能正常行走，后来积极参加体育锻炼，体质强壮起来。她获得本届奥运会女子100米、200米和4×400米3块金牌，被评为当年的"世界最佳运动员"，图18.26的蒙古国邮票记下了她

图18.26

图18.27

图18.28

短跑领先的镜头。

本届奥运会体操项目中一颗闪光的明星是苏联运动员沙赫林，他一人夺得男子体操全能、鞍马、双杠、跳马4个金牌，还有2银1铜入账，图18.27是他的鞍马比赛时的优美动作。另一位苏联选手普雷斯夺得了女子80米栏、铅球金牌和铁饼银牌，这位明星被马尔代夫1996年发行的奥林匹克邮票选中作邮票图（图18.28）。

澳大利亚的田径选手埃里奥特夺得男子

图18.29

图18.30

图18.31

图18.32

1500 米金牌（图 18.29）。捷克斯洛伐克的科扎克和施密特荣获男子双人双桨赛艇的金牌，这个成绩记录在捷克斯洛伐克的邮票上（图 18.30）。

埃塞俄比亚选手比基拉光着脚，第一个跑完了马拉松赛程，夺得金牌。1962 年埃塞俄比亚发行的 4 枚邮票中，有一枚记载了这个荣誉（图 18.31）。比基拉是海尔·塞拉西皇帝的卫士，在皇家卫队发动的推翻皇帝的未遂政变中，比基拉也卷了进去，皇帝念他得过金牌为国争光而又宽容了他。

本届的男子 800 米金牌得主是新西兰选手斯内尔，该国 2004 年发行的用特殊工艺印制的邮票中，有一枚表现了他在比赛中超越、加速、冲刺的连续镜头，非常精彩（图 18.32）。

西德选手纽克曼在马术的盛装舞步个人项目中得到铜牌。此后，他又连续在 3 届奥运会的该项目比赛中均有建树，德国在 1996 年的奥运百年邮票里

图18.33

有 1 枚是他骑马舞步的情景（图 18.33）。

为本届奥运会发行邮票的国家遍及欧洲、亚洲、非洲、美洲近 50 个国家，此时要把奥运会主办国、非主办国发行的邮票收集齐全并不太难，因为那时希腊 1896 年的第 1 届奥运会邮票还不太贵，如

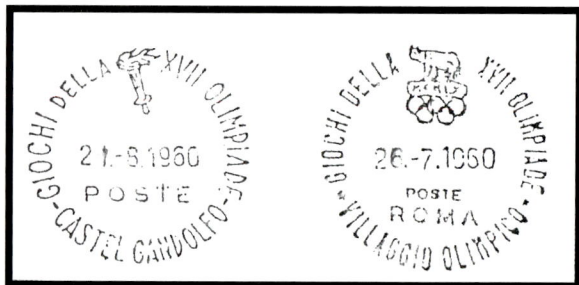

图18.34

果加上有关的封片戳就比较难了。图 18.34 是意大利邮政刻制的纪念邮戳。

十九

1964年第18届东京奥运会
——主办国发行邮票得失的借鉴

第二次世界大战后，日本经济的发展日新月异，到20世纪60年代，经济实力的影响波及全球。日本运动员在历届奥运会中屡夺金牌，成为奥林匹克体坛上的一支新的生力军。鉴于此，东京曾申请主办17届奥运会，但未如愿，这次的得票数超过了布鲁塞尔、底特律等城市，赢得了主办权。这是奥运史上亚洲第一次争得主办权，18届奥运会举办时间定在1964年10月10日至24日。

日本各界对举办这次奥运会非常重视，邮政省决定发行附捐邮票为奥运会筹集资金。早些年日本曾发行过附捐邮票，但未得到社会的好评。这次策划的1套20枚的附捐邮票准备分组发行，从1961年秋天开始到1964年夏天，分6组在每年春夏各发行一组。为了让这套邮票出彩，邮政省调动了十几位著名的邮票设计家参与设计。票形采用正菱形，这是日本第一套菱形邮票，此票用雕刻版印制，面值均为5＋5日元（图19.1）。20枚的邮票图涵盖了本届奥运会19个大项目，其中新增添的日本优势项目柔道、排球首次上了邮票

图19.1

图19.2

（图19.2、图19.3）。

第1套的第1组3枚邮票于1961年10月发行，发行量为400万枚。出乎意料，这3枚邮票引发了投机热潮，市场猛炒，价格迅速上扬。此时邮政省采取两个措施：一是实行邮票预定办法；二是陆续加大发行量。到1963年的第5组邮票其发行量增至1400万枚。这时有人预测日本邮票第二次投资大潮即将到来（第一次是10年前邮票过热引发的民众盲目投资），可是后来的事实让这种说法破灭了。

图19.3

在采取了以投机意向为主导的发行手段的同时，本届奥运会的投资财团要求再增加1.5亿日元的邮票附捐金额。为了实现这个目标，邮政省将以上6组邮票各印制1个小型张（图19.4），这6个小型张出世后，招致社会訾议，邮票销售不畅，市场降温。

图19.4

该6枚小型张的齿孔是委托一家民间公司手工打制的，出现了局部漏齿、齿孔移位、两次重复打孔以及小型张裁切偏斜等现象，这些瑕疵反而使一些集邮者趋之若鹜。

图19.5

第 2 套邮票 5 枚,还有 1 枚小型张。邮票用影写版精印,票图为奥运火炬(图 19.5 为这枚邮票的极限明信片)、国家体育场 (图 19.6)、武道馆、室内综合竞技场、驹泽体育馆 (图 19.7)。小型张将这 5 枚邮票全部收进,在边纸上印着本届奥运会的会徽。会徽的图案用金色的五环托起日本国旗上的一轮红日,下方有"东京 1964"字样,会徽图案简约而又具有强烈的视觉冲击力,富有大和民族的文化特征。

图19.6　　　　　　　　　　图19.7

第 1 枚火炬图邮票于 1964 年 9 月 9 日单独发行,那天是从希腊采集的火种空运到鹿儿岛的日子。

图19.8

日本鹿儿岛在地理上是琉球群岛的一部分,借此机缘,琉球地方邮政于火炬到达鹿儿岛的前两天发行 1 枚邮票,票图由五环、火炬和琉球古建守礼门组成 (图 19.8)。1972 年琉球邮政撤销,这枚邮票是继萨尔之后的又一枚奥林匹克地方的邮票的绝唱。

日本邮政省对邮票的设计、印刷、发行时间、各组邮票首日封印制以及纪念邮戳的刻制,策划得面面俱到,运作的井井有条,但对市场的预测过于乐观,导致超量发行。第 2 套 5 枚邮票的发行量少则 2000 万,多则达 5500 万,小型张 400 万。由于第 1 套邮票超量发行、品种繁多而造成的人气下降,影响到第 2 套邮票的销售,销售情况与其设想的相差甚远,以致数年之后在中央局仍可用面值的价钱买到这套邮票。

40 多年后的今天,这 2 套邮票升值也不高,尤其是第 1 套各组的卖价仍处于低价位,在中国邮市,3 枚 1 组的售价 10 元,4 枚 1 组的 16 元左右。日本作为奥运会的主办国,邮政部门欲借这个机缘,在为奥运会筹集资金的同时把邮票业推向兴旺,竟然发行了两套 25 枚邮票和 7 枚小型张,这在奥林匹克邮票史上尚无前例,而且每枚邮票的发行量都超出常规。邮政省利用主办国得天独厚的条件,在邮票发行上打足了算盘,虽然赚了点儿钱,但造成的负面影

响却难以消除。日本奥运会邮票的发行得与失，作为历史的一面镜子，值得后来的主办国借鉴。

图19.9

10月10日，第18届奥运会隆重开幕。第2套邮票和小型张即日发行，邮政省印制了首日封，刻制了首日戳，图19.9为开幕当天的小型张首日实寄封。

日本邮政为方便各国观众、体育代表团、记者通信方便，还发行了一枚国际航空邮资邮简，邮资图为五环、1964和航空标志，面值50日元（图19.10）。

非主办国发行的邮票在题材方面有所扩展。现代的科学技术从各方面影响着奥林匹克运动的发展和演变，本届奥运会首次用美国的"辛科

姆"人造卫星向全世界转播比赛实况。新科技的应用为邮票设计家提供了新构思，罗马尼亚设计家把这颗卫星采撷进了邮票（图19.11），使奥林匹克邮票的画面再呈新意。

这次为本届奥运会发行纪念邮票的非主办国家和地区有70多个。几内亚、巴拿马、蒙古、匈牙利、摩纳哥等国的邮票采用了正菱形（图19.12），罗

图19.10

图19.11

马尼亚发行的8枚邮票则是"钝角立地"的斜菱形（图19.13），票形的多变使奥林匹克邮票呈现多样的形式美。还有的国家把其他题材的邮票加盖五环图文，改作纪念奥运会的邮票。如柬埔寨将不久前发行的《罗摩衍那》史诗中的猴军之王哈努曼邮票，加盖奥运五环图文变为纪念奥林匹克邮票（图19.14）。对这种加盖改题的办法，节省了设计、制版、印刷等费用。但加盖后的邮票画面杂乱，而且原票的主图与体育无关，难以显现奥林匹克邮票的风采，

图19.12

图19.13

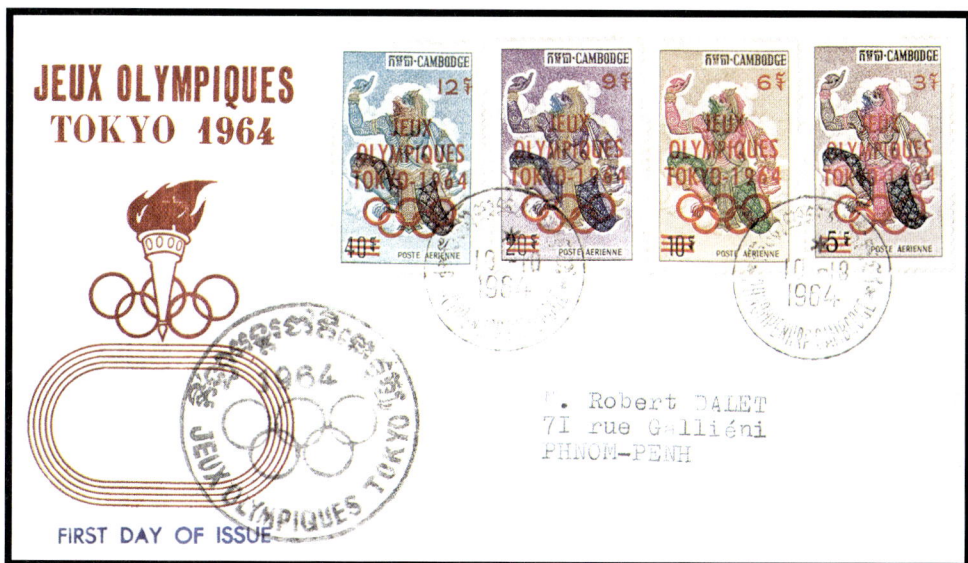

图19.14

图19.15　　　　　　　图19.16

集邮者对这种加盖形式反应冷淡。

在邮票表现的内容方面，本届奥运会新增项目排球及时出现在波兰、也门、罗马尼亚、约旦（图19.15）等国的邮票上。法国为本届奥运会发行的1枚邮票以新增的项目柔道为图（图19.16），联邦德国

图19.17

的那枚柔道邮票，用装饰画法表现了"原生态"的两位柔道选手竞技的场面（图19.17）。

匈牙利为纪念在本届奥运会夺金夺银的项目，于1965年2月发行1套12枚的邮票，图19.18票面上1块金牌和足球比赛场面，表示匈牙利夺得足球冠军的金牌。图19.19那枚邮票铭记了该国运动员在击剑比赛中夺得的男子佩剑个人、男子重剑团体、女子花剑个人和女子花剑团体4项金牌。这12枚邮票反映了当年匈牙利体育的竞争实力。

波兰在本届奥运会中夺得女子4×400米接力、三级跳远、击剑、拳击、举重

图19.18

图19.19

图19.20

等 8 个项目的奖牌，该国的奖牌榜邮票以金色、银色、古铜色为底色，表示该国选手夺得奖牌的级别，票面上没有相关文字说明。设计者在小版张中加了两

图19.21

图19.22

枚过桥形式的附票，附票上奖牌的刷色分别为金、银、铜三色，如图 19.20 为金底色和金牌，邮票画面是女子手持接力棒冲刺的镜头，表示波兰在女子 4×400 米接力赛中夺得金牌。这种表现手法晦涩难懂，如果只看单枚邮票的画面，很难让人联系到金牌。

特力尼达和多巴哥 1972 年的邮票，记录了本国选手布罗兹获 200 米短跑铜牌（图 19.21）、男子 4×400 米铜牌（图 19.22）、莫特力获男子 400 米银牌的历史（图 19.23）。

罗马尼亚的金牌邮票分无齿和有齿两种，邮票显现的是女子跳高选手巴拉斯（图 19.24），她

图19.23

越过了 1.90 米的横竿，比上届提高了 5 厘米。另 1 枚邮票是表彰女子标枪夺金选手佩内什的（图 19.25）。

匈牙利、波兰、特力尼达和多巴哥、罗马尼亚等国邮票的票面上

图19.24

都没有运动员的形象和名字，这不是设计家的疏忽，而是 20 世纪 70 年代以前许多国家规定，本国活着的人不能上本国的邮票，所以那个年代许多奥运明星的形象和名字被埋没了，他们的形象反而出现在他国的邮票上。

朝鲜邮票的画面描绘的是男子跳高金牌得主苏联选手布鲁梅尔（图 19.26）。他在罗马奥运会夺得银牌，时年 18 岁，此后多次打破世界纪录。本次比赛他和美国选手托马斯都越过了 2.18 米，两人又都在 2.20 米的高度败下阵来，最后的裁决是，在跳 2.16 米时布鲁梅

图19.25

尔 1 次过竿，托马斯则是两次，金牌给了布鲁梅尔。第二年布鲁梅尔因车祸受伤，再也不能返回运动场了。

蒙古国邮票上的游泳运动员是美国的斯科兰德（图 19.27），他获得了男子 100 米、200 米、4×100 米、4×400 米自由泳的 4 块金牌，是本届奥运会获金牌最多的选手，邮票画面右上角的 4 枚金牌对此作了注释。

图19.26

图19.27

图19.28

图19.29

男子4人单桨无舵手赛艇的金牌由丹麦队获得，尼加拉瓜1976年发行的历届奥运船赛邮票，有1枚描绘了丹麦队得胜的情景（图19.28）。

上届马拉松冠军埃塞俄比亚的比基拉，在本届马拉松赛中再夺金牌，这次他是穿着鞋参赛的。埃塞俄比亚在1990年专为他发行5枚邮票，纪念这位卓越的长跑健将（图19.29）。

这届奥运会的乒乓球为非正式比赛的表演项目，约旦则把乒乓球纳入本届奥运会的纪念邮票中（图19.30）。这预示着乒乓球运动已为许多国家所重视，必将成为奥运会的正式比赛项目。

1964年的东京奥运会是非常成功的，但奢华耗资过于巨大，对此后的奥运会产生不良影响。与此相应的是日本邮政借主办奥运会之机过量发行邮票，引起集邮界訾议，市场低迷。非主办国将发行奥林匹克题材的邮票，作为开发邮政资源的倾向也引起集邮者的关注。

图19.30

二十

1968年第19届墨西哥城奥运会
——邮票彰显古玛雅文化和当代光效应艺术

　　申办本届奥运会的城市除墨西哥城之外，还有布宜诺斯艾利斯、底特律和里昂，4 个申办城市有 3 个在美洲，1 个在欧洲。1963 年，国际奥委会在德国巴登召开的第 60 届会议上，将墨西哥城定为第 19 届奥运会会址，举办日期定在 1968 年 10 月 12 日～27 日。

　　在墨西哥城这座美丽的高原城市中，古老的玛雅文化和阿兹特克古国的遗迹，西班牙殖民时期建造的欧洲风格的宫殿、教堂以及现代化的摩天大厦交相错落。在政府大厦、博物馆、学校的墙壁上布满情绪高昂、气势撼人的巨型壁画，这是 20 世纪墨西哥壁画运动留下的杰作。高原的自然环境、古今本土文化和外来文化的交融，主办城市的这些文化特征，必然成为本届奥运会纪念邮票的热门素材。

　　东京奥运会闭幕后，墨西哥邮政即开始设计策划本届奥运会纪念邮票的发行工作。从 1965 年起到 1968 年奥运会开幕那天为止，陆续发行了 6 套 40 枚邮票和 16 枚小型张，这个数字超过上届的日本邮票，创奥运主办国发行邮票套数及枚数的历史新高。

　　第 1 套邮票于 1965 年 12 月发行，全套 5 枚。邮票设计家以大手笔将玛雅文化和阿兹特克时期体育题材的陶俑、雕塑、石刻等艺术作品，展示在邮票上，让人们一睹墨西哥古老体育文化的风采。图 20.1

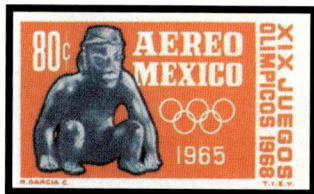

图20.1

图20.2

是陶俑《球员》，我们可以从下蹲在地的球员身上，见到他明亮睿智的双眸与健壮的身躯；图20.2为玛雅文化石刻《赛球》，我们不能不惊叹远古祖先对赛事精到的设计；图20.3是石灰岩雕塑，表现古玛雅人在庙宇前场地上赛球的情景，那在石灰岩上展示的神来之笔，令人叹为观止；另外2枚票图也是体育陶俑。这5枚邮票，不仅使人们对玛雅文化和阿兹特克时期体育赛事有所了解，而且令人们见识了陶俑、雕塑、石刻等多种古老艺术形式，这些邮票画面分别被印在2枚小型张上，小型张无齿孔。邮票用影写版印刷，承印纸张有水印，水印图为"MEX"（墨西哥的缩写）和国徽上的鹰图（图20.4）。小型张则用另外1种水印纸印刷，水印图案为墨西哥国徽和文字（图20.5）。

1966年10月，墨西哥邮政当局发行了第2套邮票，全套5枚。票图为赛跑、拳击、障碍赛跑（图20.6）、美洲足球、火炬接力。这套邮票的设计别具一格，富于趣味。设计家捕捉到人物运动的一瞬间的造型，以单线勾勒，人物姿态夸张，具有漫画意味，

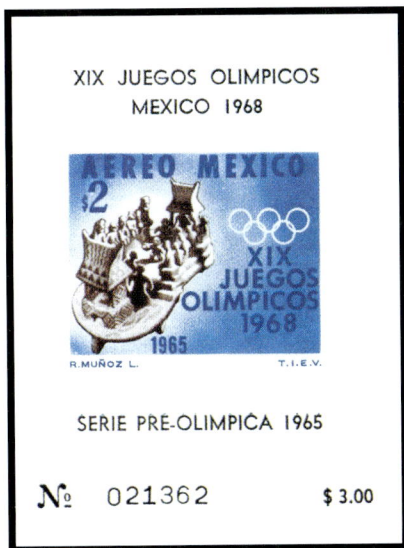

图20.3

图20.4

图20.5

图20.6

令人忍俊不禁。这些票图是按照墨西哥当代画家里维拉的素描绘制，风格自然独特。5枚邮票印在2枚小型张上，票、张的承印纸水印与上述不同，"MEX"和鹰图排列紧凑，鹰图外围圆圈为断开的半圆（图20.7）。

图20.7

图20.8

第3套9枚和第4套10枚邮票分别于1967年、1968年发行，两套19枚票表现了本届奥运会的19个比赛项目（取消了柔道）。两套邮票的表现手法相同：无边框，底色浓郁，运动项目用剪影形式表现。由于底色深重，票面上反阴的会徽图案显得突出清晰，而且占据了邮票的三分之一幅面（图20.8）。

会徽由"MEXICO"（墨西哥）、五环、"68"组成。MEXICO这6个字母由平行的曲线、直线构成，包括"68"在内的线条和彩色的五环线条精妙地合为一体。会徽的设计融进了时尚的"光效应艺术"手法，给人以奇特的审美愉悦。这两套19枚邮票分别印在8枚小型张上，19枚邮票的水印如图20.7，而8枚小型张的水印纸则是图20.4那种。

1968年10月6日，奥运火炬传递到维拉克鲁斯，墨西哥邮政为此发行1枚邮票以资纪念，票图为金黄色火苗和巍巍壮观的太阳金字塔（图20.9），水印如图20.4，集邮界将这1枚邮票视为第5套。

最后1套邮票于1968年10月12日奥运会开幕日发行，全套10枚，这10枚票组成4个小型张。邮票图有墨西哥地图上的小小和平鸽（图20.10）、现代化的体育场（图20.11）、掷铁饼者（图20.12）、金牌（图20.13）、体育馆

图20.9

图20.10

图20.11

图20.12

图20.13

（图 20.14）、招贴画（图 20.15）和项目图标（图 20.16）。这套邮票和前面的第 3 套、第 4 套、第 5 套邮票均由艺术家韦曼设计，最后两套票汲取了风行世界的新潮"奥普艺术"的表现

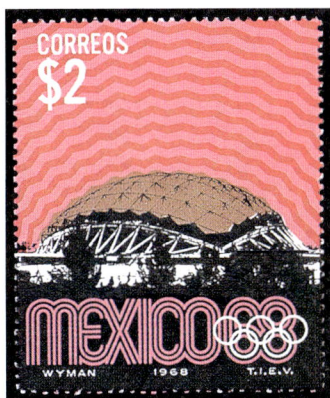

图20.14

图20.15

图20.16

手法，给集邮者带来全新的美学享受。

所谓奥普艺术也称"光效应艺术"，从邮票的画面上可见到按一定规律排列的线条波纹或几何图形，这种构图造成视觉的运动感和闪烁感，使我们的视觉在与邮票

上的图形接触中产生眩晕的光效应现象和视幻效果。如图 20.15 这枚票的画面，是把会徽的线条延长，形成精确严谨的几何图式，视幻效果非常显著。在色彩的运用上，设计家特意用草绿和红、湖蓝和洋红（如图 20.11、图 20.13）搭配交错，在光的作用下造成视觉上的色彩跳跃和闪烁感更为强烈。

墨西哥的 6 套奥运邮票，先从玛雅大文化入手再现墨西哥远古的体育活动，而后破开时空，一大步跨入当代，用时兴的艺术手法宣扬墨西哥今天的奥林匹克精神，这个设计思路在奥运会主办国的邮票中仅见于此。

墨西哥这次发行的邮票套数、枚数虽然多，但发行量并不大。低面值的邮票大多在 500 万～600 万枚，最多不过 1000 万枚，高面值的只在 50 万～200

图20.17

万枚之间。小型张的发行量每个均为25万枚，16个小型张总共才400万枚，而上届的日本每个小型张就发行400万枚。不同的发行量产生不同的市场效应，目前墨西哥的大全套邮票、小型张市价在1200元以上，远远高于日本的奥运大全套邮票和小型张的售价。

墨西哥邮政为这届奥运会制作了极限明信片，明信片画面与第3套、第4套邮票图大同小异，盖会徽图案的纪念邮戳（图20.17）。同时还刻制了圆形的纪念邮戳（图20.18）投入邮政使用。

图20.18

有近90个非主办国和地区为本届奥运会发行了纪念邮票。非洲的塞拉利昂首次参加奥运会，该国将1965年发行的国徽图案的邮票加盖五环、MEXICO、1968等图文，作为纪念本届奥运会邮票发行。此套加盖改题邮票10枚1套，票形为盾形（图20.19），非几何形邮票从此进入奥林匹克专题集邮中。

墨西哥特有的文化魅力感染许多国家的邮票艺术家，在这些国家的

图20.19

图20.20

邮票上，有的全选墨西哥古今艺术品作图，有的将其作为邮票画面的一部分。巴拿马的邮票撷选玛雅时期的绘画《药神努塔尔》（图20.20）、石雕人像以及当代绘画为图；厄瓜多尔邮票再现墨西哥壁画运动中杰出画家西盖罗斯的作品《母与子》（图20.21）。苏联的小型

图20.21

图20.22

图20.23

图20.24

张以阿兹特克文物石刻历法装饰边纸（图20.22）。在大西洋彼岸非洲的几内亚、利比里亚、达荷美、上沃尔特（图20.23）、卢旺达（图20.24）等国的邮票上，都可以寻觅到玛雅文化的遗迹。在捷克斯洛伐克邮票上，一边是本国奥运明星扎托倍克，一边是古阿兹特克绘画《法院审判》（图20.25）。

各国的邮票艺术家不约而同地将古玛雅文化和现代奥运会融合在辐辏的画面上，弘扬了"相互了解"的奥林匹克精神。

图20.25

图20.26

图20.27

在赛场上，本届奥运会奇迹般地创出多项世界纪录。非洲的乍得为此发行了1套24枚的邮票（有齿和无齿各1套），褒扬本届奥运会的金牌得主。图20.26是美国男子跳高选手弗斯贝里，他以新奇的"背越式"技术越过了2.24米的高度荣获金牌，背越式的跳高姿势首次出现在邮票上。美国的跳远选手比蒙在第一轮试跳中，落点就超过了世界纪录的标记，成绩令人难以置信：8.90米，此时观众狂呼，场面热烈。乍得邮票纪录了这"进入21世纪的一跳"（图20.27）。

在女子体操比赛中，久经沙场的捷克斯洛伐克选手卡斯拉芙斯卡，以优美的姿态完成了一系列高难动作，独得4枚金牌和2枚银牌，是本届奥运会得金最多的选手。捷克斯洛伐克邮票在古阿兹特克雕像中间，刻画她自由体操的一个镜头（图20.28），朝鲜则把这位金发女郎的玉照置于邮票上（图20.29）。

匈牙利为本国夺得奖牌的项目发行了8枚邮票，图20.30为古典式摔跤金牌。邮票设计得很美，底色与金色、银色奖牌相衬相映，庄重和谐。但是仍然不见这些

图20.29

图20.30

图20.28

图20.31

图20.32

图20.33

图20.34

图20.35

明星的形象，票面上仍然没有他们的名字，"不宣传个人"的禁区，在当时东欧一些国家的邮票设计中是必须恪守的"原则"。

日本的男子体操当时处于全盛时期，在本届奥运会比赛中大显身手，除获得团体赛金牌之外，单项比赛也战果辉煌。领军人物加藤泽男得3金1铜（图20.31），第2号人物中山彰规得4金1银1铜（图20.32）。记录他们成绩的是乍得、蒙古国邮票。

蒙古国1969年发行的"历届奥运奖牌获得者"8枚邮票均为他国的金牌明星，唯小型张上的邮票是蒙古国摔跤选手吉吉德·蒙赫巴特（图20.33），他在本届奥运会夺得自由式摔跤87公斤级的银牌，为他的祖国争了光。

马尔代夫1996年的奥运女明星邮票，有1枚献给本届奥运会铁饼金牌得主罗马尼亚选手马诺柳，票面是她的头像特写（图20.34）。

巴拉圭的金牌榜邮票有两枚是祝贺拉美的年轻

图20.36

图20.37

选手的，他们是男子200米蛙泳金牌得主墨西哥运动员莫瓦奥兹（图20.35）、48公斤级拳击冠军委内瑞拉的罗德里特兹（图20.36）。

尼加拉瓜1976年发行的邮票，记录了本届男子双人单桨有舵手赛艇的金牌得主属意大利队，此枚票设计的不足之处是去掉了舵手，与双人单桨无舵手项目难以区分（图20.37）。

图20.38奥地利邮票的票面是联邦德国的马术选手内克曼，他在本届奥运会的马术比赛中拿到盛装舞步个人银牌和团体的金牌。

图20.39是1963年国际奥委会在德国巴登州巴登市举行第60届会议时，巴登邮局刻制的纪念邮戳。巴登会议决定了墨西哥城的主办权，其纪念邮戳也应该和本届奥运会邮票一样载入奥林匹克集邮史册。

图20.38

图20.39

二十一

1972年第20届慕尼黑奥运会
——美英法日奥运邮票无大起色

1966年国际奥委会在罗马举行第64次会议，对申办第20届奥运会的慕尼黑、蒙特利尔、马德里、底特律4个城市进行表决。经过两轮投票，慕尼黑以31票对30票——多于蒙特利尔1票的微弱优势，赢得了主办权。第20届慕尼黑奥运会定于1972年8月26日～9月10日举行。

但是，慕尼黑还没有准备好。它没有举办世界性体育比赛的场地设施，没有举办大型世界体育比赛的经验。为了圆满地举办奥运会，联邦德国投资6亿多美元，兴建了世界一流的体育设施。贝尼施教授设计的可容纳8万人的奥林匹克体育场，有一个半透明的帐篷形顶层，可使观众避免日晒雨淋（图21.1）；慕尼黑还兴建了现代化的室内赛车场、多功能比赛馆和游泳馆以及高290米的电视塔，登上塔顶瞭望台可远眺阿尔卑斯山的雪顶景观。这些世界一流的奥林匹克体育场馆、新闻中心、奥运村、人工湖、水上舞台，集中建在慕

图21.1

图21.2

尼黑城的西北，图 21.2 这枚小型张是建筑群的鸟瞰图，上述建筑按其地理方位置于其中。

　　严谨的德国人，早在第 20 届奥运会来临头 3 年的 1969 年 6 月，就开始为本届奥运会发行邮票，画面为体育设施和器具：跑道、曲棍球、箭与靶、帆，以此象征 4 个比赛项目。票图的设计接近抽象，尤其是第 1 枚和第 4 枚（图 21.3、图 21.4），全以色块构成，票面上如果没有五环，人们很难读懂邮票的内容。五环"点睛"的效果把人们的审美思路引导到奥运会，简洁抽象的图形让人明了这是奥运会的体育设施和比赛项目，例如延伸在黄色土地

图21.3

图21.4

上的土黄线条表现着跑道，而挺立在蔚蓝色水面上的三角图案则象征着帆船，集邮者就在这曲折的认知过程中领会着审美的乐趣。

图21.5

第2套邮票于1970年6月5日发行，全套4枚，图取慕尼黑百余年前修建的王宫、柱廊式宫殿、雕塑作品博物馆、巴伐利亚历史宫（图21.5）4座古建筑的外景。主办国在邮票上宣传本国的城市风光、历史遗迹、新建体育场馆，几乎是第二次世界大战后奥运会主办国纪念邮票必选的题材。

图21.6　　　　　　图21.7

邮票上的4座建筑用正面平视手法表现，没有透视的立体效果，雕刻版印制的深重刷色，使邮票画面呈现浓郁的装饰效果。

第3套和第5套邮票各4枚，两套邮票表现手法一样，均出自设计家哈莱尔之手。图案为摔跤、帆船（图21.6）、游泳（图21.7）、跳远、篮球等8个比赛项目，邮票的画面用彩色横线一分为三。上部置五环、慕尼黑、1972，明示邮票主题；下部为面值和国家邮政铭记；中部是主图。8枚票面的图文排列一致，主图占据的幅面很小，仅 19mm × 21mm，比一般的普通邮票的票幅还小。过小的幅面，难以表现体育比赛的魄力。第5套票还有以4枚横连构成1枚小型张（图 21.8），以4方连的形式做成小本票，图 21.9是小本票的封面和封底。

第4套邮票是上面介绍的体育场馆鸟瞰图小型张。

这5套邮票都带附捐，附捐的金额较高，为面值的一半。每枚邮票的发行量700万

图21.8

图21.9

左右，这个数量虽然比同一时期的纪念邮票少许多，但这4套邮票、2枚小型张、1个小本票的附捐金额大约有2千万马克，即使邮票不能全部售出，附捐收入也是一笔不小的金额。

　　除了德国，有70多个非主办国和地区为本届奥运会发行了邮票。在奥运会成为全世界瞩目的国际活动之时，美、英、日只在作主办国时发行邮票，作为非主办国时就消极多了，从未出过邮票。在本届奥运会举办时，美国才为此届夏季奥运会和冬奥会合着发行1套4枚的邮票，其中有2枚是夏奥会的比赛项目。这是美国自1932年主办洛杉矶奥运会发行邮票后，作为非主办国首次发行奥运邮票，两次邮票的发行时间的间隔整整50年。英国、日本仅在当主办国时发行了邮票，作为非主办国时，则对奥运邮票的发行很冷漠。集邮家认为，英、日两国在奥运会的赛绩平平，获金奖数量往往连前10名都排不上，所以每逢奥运会举办时，两国邮政便以低调处之。法国在1924年主办奥运会发行4枚邮票之后，到1960年才发行1枚邮票纪念罗马奥运会，纪念本届奥运会的邮票也是1枚（图21.10），此后又中断了两届，可见法国作为非主办国时为奥运会发行邮票也不甚积极。

图21.10

　　与经济大国形成鲜明对比的是，发展中国家和东欧国家在奥运会上的获奖率步步提升的同时，这些国家成为发行奥运邮票的主力军，而且在设计上追求新意。图21.11是印度邮票，票面上的比赛项目简化成图标形式。突尼斯小型张的邮票在抽象与具象之间表现几个激烈的比赛项目（图

图21.11

21.12）。它们是奥林匹克邮票史的主笔，它们用邮票谱写了奥林匹克精神。

本届奥运会中，民主德国独立派队参

图21.12

图21.13

赛，全面崛起的民主德国选手夺金总数仅次于苏联和美国，引起体育界的关注。民主德国邮政特发行1套6枚的邮票（图21.13）以此纪念体育健儿的成绩。

苏联为本届奥运会发行的邮票票幅大，运

图21.14

图21.15

动员的形象高大，彰显了大国体育的气势（图21.14）。苏联自1952年参赛以来，以雄厚的实力屡屡夺金，截至本届奥运会，苏联选手共夺得50枚金牌、27枚银牌和22枚铜牌。在奥运会闭幕2个月后，发行2枚邮票和1枚小型张，以邮代奖。图21.15邮票的画面是金银铜奖牌和获奖记录；小型张则在边纸下方加盖红字：光荣属于荣获50枚金牌、27枚银牌和22枚铜牌的苏联奥运会参赛者！（图21.16）。

来自非洲乌干达的选手阿基—布阿，在男子400米栏比赛中打破了世界纪录，

图21.16

图21.17

图21.18

荣获金牌。在坦桑尼亚、肯尼亚、乌干达联合邮政发行的邮票上，可见这位面容清癯的黑人选手（图21.17）。对阿基—布阿来说，上了邮票是荣幸的事，不幸的是他的金牌在乌干达政变中丢失了。

朝鲜运动员李浩准在小口径80发卧射比赛中夺得金牌，他的形象和射击项目显现在本国邮票上（图21.18）。

匈牙利、罗马尼亚、保加利亚均为本国夺奖选手发行了"奖牌榜邮票"。三国邮票设计的套路一样：票面上印金银铜3色奖牌，以及和奖牌对应的获奖项目，仍然恪守不露获奖选手名字和形象陈规。这种"犹抱琵琶半遮面"的手法给集邮者带来不便，欲知奖牌得主还要查阅有关资料。经查得知，匈牙利奖牌榜邮票7枚，其中1枚表彰的是56公斤级举重冠军福尔迪（图21.19）。保加利亚邮票5枚，图21.20是1000米双人划艇达米安诺夫和尤加得铜牌。罗马尼亚6枚奖牌榜

图21.21

图21.19

图21.20

邮票中，有1枚是男子手枪自选银牌得主尤加（图21.21）。至于邮票上的形象和真人是否相符就不得而知了。

古巴运动员在这次奥运会上表现不凡，值得炫耀的是男子篮球，古巴队仅次于苏联和美国，荣获铜牌。图21.22是古巴为此发行的小型张，小型张的边纸是当时篮球比赛的实照。

利比里亚在奥运会闭幕后的1973年，专为本届奥运会金牌明星发行6枚邮票和小型张，图21.23是美国游泳巨星施皮茨，他在墨西哥奥运会就夺得2金1银1铜，在本届创出连夺7枚金牌的奇迹。

图21.22

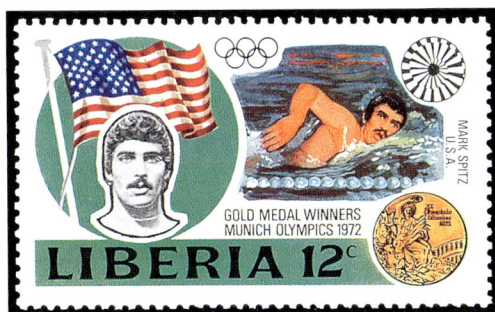

图21.23

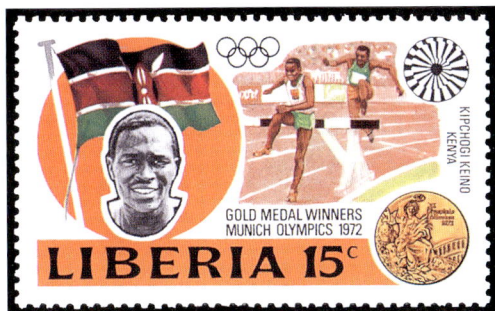

图21.24

他曾35次打破多项游泳世界纪录，这么辉煌的成绩登上邮票殿堂是必然的。肯尼亚选手凯诺夺得3000米障碍跑的金牌和1500米银牌，这6枚邮票中，有1枚是这位黑人运动员，他的头上飘扬着肯尼亚国旗，右侧选择了他在障碍跑中的一个镜头（图21.24）。

还有许多本届奥运会的获奖的优秀运动员出现在后来的邮票上。如苏联女子体操选手科尔布特（图21.25，阿塞拜疆1996年发行）夺得平衡木、自由体操2枚金牌。民主德国的女子体操选手扬茨（图21.26）

图21.25

拿下高低杠、跳马2金，全能1银；另一位东德选手施特歇尔（图21.27）连夺女子100米、200米2枚金牌；联邦德国运动员罗森达尔（图21.28）以6.78米的成绩拿下女子跳远金牌。以上3枚邮票均为马里1996年发行的。

波兰足球队荣获本届足球赛冠军，这个来之不易的金牌呈现在波兰邮票上（图21.29）。

男子双人单桨无舵手赛艇的金牌被联邦德国选手布里茨克和马格尔夺得，图21.30尼加拉瓜邮票的画面是他们夺冠时向观众致意的情景。

曾在前3届奥运会为联邦德国争得奖牌的马术选手内克曼，在本届奥运会中又将盛装舞步个人和团体的铜牌、银牌收入囊中。联邦德国黑森州邮政从1993年起陆续在普通邮资明信片的左侧加印体育明星，第1枚就是连续16年

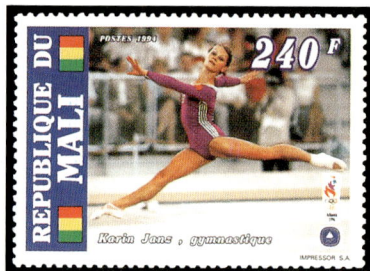

图21.26

图21.27

图21.28

图21.29

图21.30

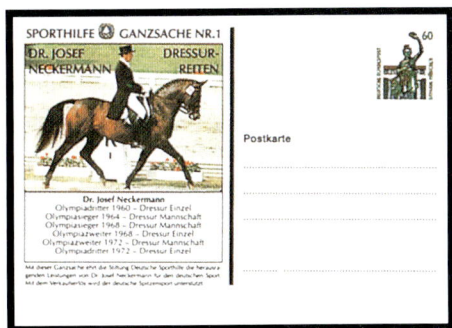
图21.31

为国争光的内克曼（图21.31）。

在本届奥运会正在进行的9月5日，发生了一场震惊世界的悲剧。8名巴勒斯坦"黑九月"的组织成员，袭击奥运村的以色列运动员，枪杀了11名以色列选手，给奥运会蒙上了一层阴影。拉美的海地为悼念11名无辜的受害者，

图21.32

图21.33

在奥运会闭幕后的1973年5月发行2枚小型张。其中1枚票留下了以色列运动员在飘扬的国旗引导下，以矫健的步伐入场的历史镜头（图21.32）；另1枚小型张是以色列举重运动员贝格尔（图21.33），他面对恐怖分子的枪口进行了勇敢的反抗，终被杀害。这2枚小型张以控诉这次恐怖主义事件而载入奥林匹克邮票史中。

柬埔寨为本届奥运会发行了2枚金箔邮票（图21.34），这是纪念奥林匹克运动会第一枚用金属箔印印制的邮票。

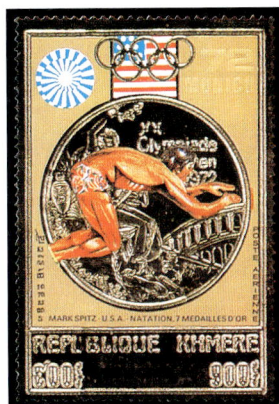
图21.34

二十二

1976年第21届蒙特利尔奥运会
——加拿大首次发行奥运会纪念邮票

申办第 21 届奥运会的城市有蒙特利尔、莫斯科、洛杉矶和佛罗伦萨。1970 年在国际奥委会阿姆斯特丹的会议上，蒙特利尔市在第 2 轮投票中赢得了主办权。蒙特利尔自 1940 年以来已 5 次提出申办，最终如愿以偿。第 21 届奥运会会期定在 1976 年 7 月 17 日～8 月 1 日。

加拿大早在 1900 年第 2 届巴黎奥运会时就派队参赛，但 70 多年来从未发行过奥林匹克邮票。这次作为主办国一下子发行了 12 套 35 枚邮票，超过了上届联邦德国。1973 年 9 月 20 日加拿大第 1 套奥林匹克邮票问世，全套 2 枚，票图均为本届奥运会的会徽（图 22.1）。

此届奥运会的会徽设计为奥运会添了一笔重彩，它是在奥运五环的上面叠加蒙特利尔（Montreal）的第 1 个字母"M"，示意奥运会在蒙特利尔举行。巧妙的是，"M"中间高两侧低，呈现领奖台的造型。单线勾出的"领奖台"又与五环上部的 3 个环连成 3 个椭圆形跑道。构图简练的会徽，蕴含了蒙特利尔奥运会全部信息，表现了多层次的美学趣味。

翌年 3 月发行的第 2 套 4 枚奥运系列邮票用雕刻版印刷，制版时将 4 个图案排列成四方连。该套邮票虽然用单色印刷，但设计家、雕刻家精妙的表现手法使邮票的审美品位高于多色的雕刻版、胶版邮票。邮票的画面

图22.1

图22.2

只用长短不同的、没有交叉的横、竖线刻画了游泳、中老年人慢跑、一家人骑车活动、野游等群众性体育活动的场面（图22.2）。仔细观察票面的图案，隐约可见用短横线构成的奥运会的会徽，会徽在画面中"时隐时现"。横和竖的阳线、阴线错落有致地刻画了会徽和人物形体。图22.3是1枚邮票的放大图，显现了横竖线条微妙的表现关系。与其相配的是同年9月发行的第4套票，四方连，刷红色，雕刻的手法相同，画面是冬季群众体育活动。这两套邮票的绝妙的

雕刻表现方法，令人赞叹不已，在一百多年的雕刻版邮票中仅见此一例。

　　第3套邮票3枚，图案均为会徽，与第1套不同的是票幅小，每枚票带附捐金额。

　　1975年2月第5套邮票问世，3枚票图用装饰手法表现蝶泳、单人皮划艇和帆船3个水上比赛项目（图22.4），此套票每枚带附捐金。

　　是年3月发行2枚高值票，以体育雕塑《起跑》、《入水式》为图，原作系加拿大雕塑家麦肯齐的作品。这两尊

图22.3

雕塑造型健美有力，体现出生命的韵律。邮票特将雕塑部分压凸，尽量表现它的三维效果（图 22.5）。

图22.4

图22.5

随后发行的 3 套邮票每套各 3 枚，描绘田径（图 22.6）、拳击、柔道、体操、球类等 9 个比赛项目。邮票画面在色彩的运用、运动员竞技姿态和神态的捕捉等处，都显现出较高的境界。如篮球、体操、足球这 3 枚票，运动员姿态优美，底色的处理，烘托出运动员悄然而动的感觉（图 22.7）。

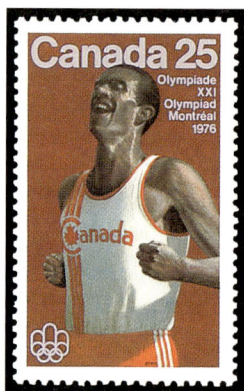
图22.6

图22.7

1976 年 3 月发行的第 10 套邮票，其主题是"奥林匹克与艺术传播"。3 枚邮票的票图为：艺术交流——绘画与图表、电影艺术所需材料与工具；工艺品制作工具；音乐艺术表演。3 枚邮票的画面杂陈着艺术交流和创作使用的画笔、调色盘、版画油辊、电影胶片、凿子、雕刀以及笛子、萨克斯、舞蹈鞋等工具和器具（图 22.8）。在奥林匹克邮票中，以艺术创作的工具为图者仅见这一套。

第 11 套 票是 2 枚高面值票，面值 1 元是蒙特利尔的 2 座建筑，一座是 1824 年建造的圣母院，正面有 83 米高的哥特式双塔；另一座是 1962 年在维尔马利广场建造的 45 层"十"字形大楼（图 22.9）。第 2 枚面值 2 元，图为新建的可容纳 8 万人的奥林匹克体育场，这座碗形的混凝土建筑，由建筑师塔利博特和达欧斯特设计，造型新颖，规模恢弘，耗资 8 亿美元。

图22.8

图22.9

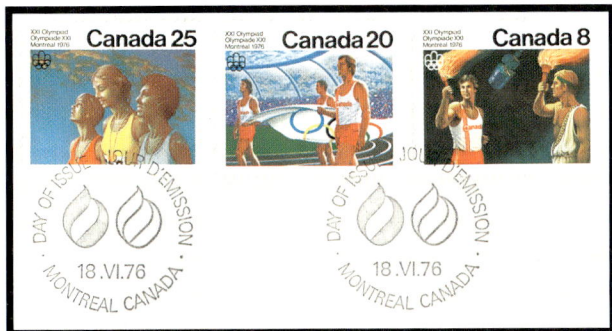

图22.10

最后 1 套邮票在奥运会开幕前 1 个月发行，全套 3 枚，票图为：手持火炬的运动员、运动员持奥林匹克旗帜入场、领奖台上（图 22.10）。

1976 年 7 月 17 日，蒙特利尔奥林匹克体育场举行开幕式，点燃了奥林匹克圣火。圣火是通过卫星由雅典传到蒙特利尔的，图 22.10 中面值 8 分的那枚邮票上，两个火炬手之间可见这颗卫星。卫星传递的过程是，7 月 13 日在希腊奥林匹亚引燃火种后，火炬接力传递到雅典。在雅典用电子感受器把燃烧的火炬的热量变成电子脉冲信号，发射给太空的卫星，卫星将信号传到渥太华的接收装置，该装置再把脉冲信号转变成热射线点燃火炬，而后再进行火炬接力跑至蒙特利尔。在匈牙利为本届奥运会发行的小型张边纸上，设计家以简洁的示意图将这个新科技传递过程描绘出来（图 22.11）。后来有人提出这种方法不能取代传统的接力跑，它不能将传递圣火、传递友谊的奥林匹克精神体现出来。最后奥委会通过决议，仍采用古老的接力跑方式传递圣火，但邮票还是把奥林匹克运动和当代科技交融的时代特征记录下来。

非主办国（或地区）为本届奥运会发行邮票的约有 70 个。在 20 世纪 60 年代以前，奥林匹克邮票的设计大多写实的手法，设计家从一些资料中撷取素材后投入设计绘制，在绘制中设计家往往夸大运动员的

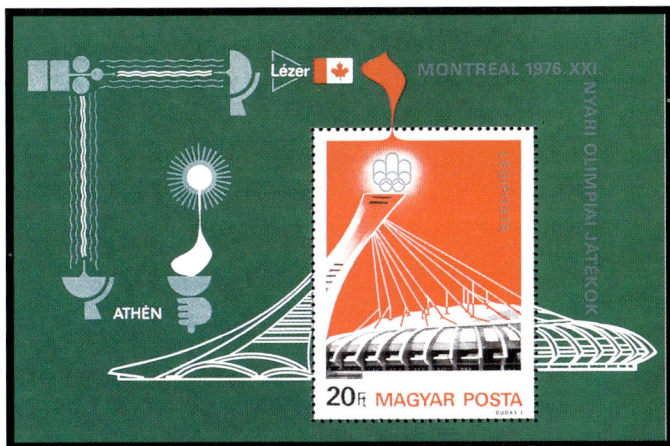

图22.11

图22.12

图22.13

竞技形态，让其造型优美矫健，感染力更强。20世纪60年代以后，一些邮票设计家追求时尚的艺术潮流，用虚实相间的写意、半抽象和抽象的手法表现奥林匹克邮票，如南斯拉夫、联邦德国的奥运会邮票便是先例。图 22.12 是印度本届奥运会纪念邮票，票面图简意赅：托着铅球的手和积聚各部位的力量即将爆发。艾图塔基的邮票则以简练、斑斓的色块平涂，勾画出竞技姿态，以金色作边框，小型张整体色彩华丽之极（图 22.13）。波兰的小型张边纸也打出齿孔，图文用雕刻版印在银色的底色上（图 22.14）。这个时期，奥林匹克邮票艺术的美学视点升华到一个新的境界。

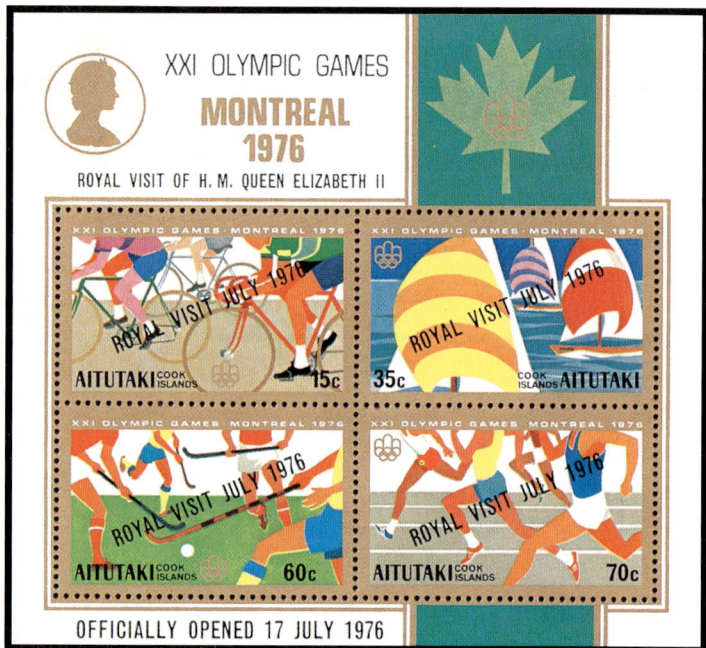

朝鲜为本届奥运会发行了 3 套立体邮票（图 22.15），非纸质的奥林匹克邮票又增加 1 种塑料材质的。

奥运会"明星奖牌榜"邮票

图22.14

图22.15

图22.16

已成为奥运邮票的重要选题，在奥运会闭幕后，许多国家当即发行邮票褒扬获奖运动员。匈牙利的 5 枚票和 1 枚小型张记录了获金银铜牌的项目，票面色彩华丽，图 22.16 是该国体操选手马乔尔的鞍马金牌邮票。

古巴邮票的边框刷金、银、铜 3 色示意奖牌级别。中长跑选手胡安托雷纳以大跨步的跑姿赢得男子 400 米、800 米两枚金牌，这位运动员多次刷新 800 米世界纪录，为古巴争得荣誉（图 22.17）。罗德里格斯夺得柔道 63 公斤级金牌（图 22.18）。在本届奥运会拳击比赛中，古巴选手夺得 3 个级别的金牌。图 22.19 是 81 公斤以上级金牌得主史蒂文森，他是上届、本届和下届奥运会的重量级三连冠得主，但在古巴邮票上仍然不记名。

图22.17

图22.18

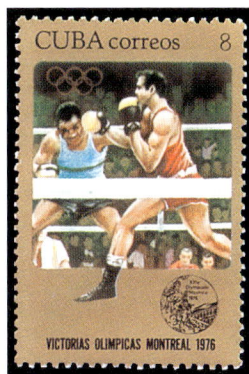

图22.19

罗马尼亚于奥运会闭幕后的 10 月 20 日发行 7 枚邮票和 2 枚小型张，表彰本国选手的成绩。图 22.20 是手球获银牌的记录，2 枚小型张则记录了皮划艇

图22.20

图22.21

和女子体操的两个夺金项目。有1枚邮票破天荒地置入了金牌得主的名字——科马内奇（图22.21）。有"世界体操皇后"美称的科马内奇，以优美的姿势、精彩的表演使观众为之倾倒，在比赛中得了7次满分，荣获3金1银1铜，那年她才14岁。小型张的边纸上有科马内奇的名字和7个"10"满分（图22.22），这枚面值10列伊无齿孔的小型张只发行了25000枚，

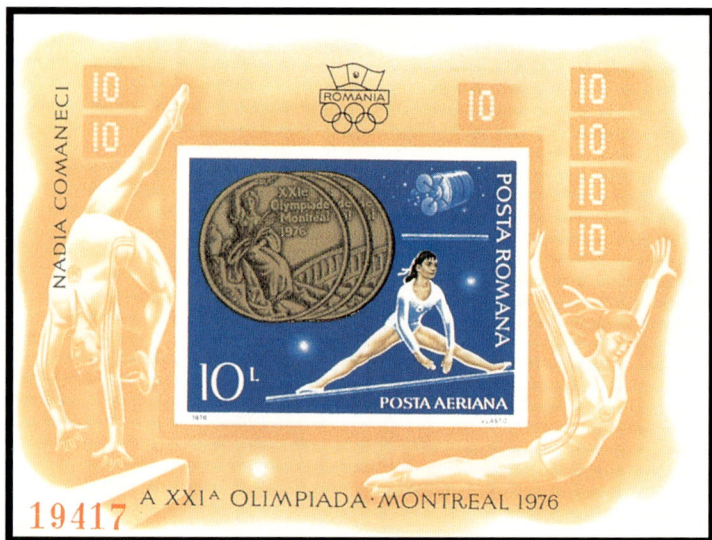
图22.22

前几年国外目录的标价折合人民币600元左右，在近20年的奥林匹克邮票中算是价格较高的了。

科马内奇作为20世纪70年代超级体操新星，还频频出现在其他国家的奥运邮票上。朝鲜当年发行的本届奥运金牌邮票有1枚献给了科马内奇，此后的阿塞拜疆邮票取科马内奇的平衡木比赛镜头为图（图22.23）。

特力尼达和多巴哥的邮票记下该国选手克劳夫德，他在含金量最高男子100米比赛中脱颖而出夺得金牌，邮票画面再现了他获胜的一刹

图22.23

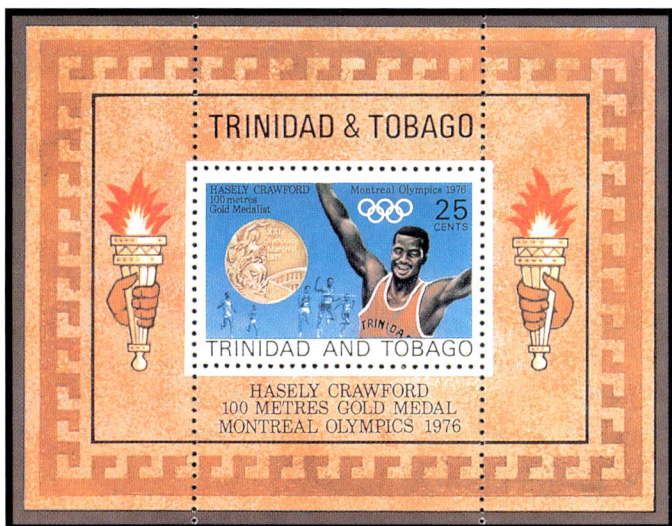

图22.24

图22.25

图22.26

那，小型张边纸下部的文字记录了他的名字和获奖项目（图22.24）。

朝鲜于本届奥运会闭幕的第二天为金牌选手发行1套6枚的邮票和1枚小型张，还有含7枚邮票的小版张。邮票记录了朝鲜选手邱勇柱获54公斤级拳击金牌（图22.25）；其他金牌得主是，撑竿跳高——波兰的苏鲁萨斯基（图22.26）；还有110米栏——法国的德鲁特、科马内奇等人。邱勇柱为朝鲜夺得第1枚奥运金牌，功不可没，在1978年发行的"奥运历史"邮票中，小型张再次把他载入奥运邮票史册（图22.27）。

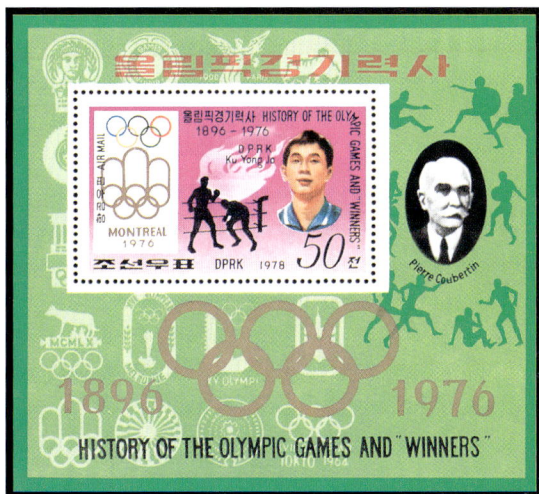

图22.27

图22.28

图22.29

比利时选手凡·达姆荣获男子 800 米、1500 米 2 枚银牌，比利时在 1980 年的邮票上表彰了他（图 22.28）。

牙买加运动员夸里在本届奥运会男子 200 米决逐中荣得金牌，牙买加 1980 年的邮票有他获得金牌的写照（图 22.29）。

保加利亚 1996 年的奥运邮票，有 2 枚追记了该国选手在本届奥运会的成绩，她们是：女子铅球金牌得主赫瓦斯托娃（图 22.30），女子双人双桨赛艇金牌获得者奥泽托娃和约尔丹诺娃（图 22.31）。

蒙古国发行了 7 枚奖牌榜邮票，选用了苏联体操选手安德里亚诺夫

图22.30

图22.31

优美的吊环动作，他在体操比赛中夺得 4 金 1 银 1 铜（图 22.32）。民主德国女子游泳选手恩德荣得 3 金，邮票图是她在 200 米蝶泳的镜头（图 22.33）。

苏联在本届奥运会中夺得奖牌总数居首位，在奥运会闭幕后的 8 月 25 日，

图22.32

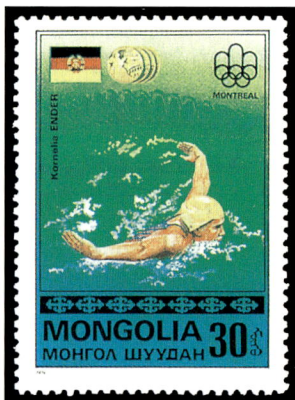

图22.33

发行 1 枚加字小型张，加字的内容是：苏联运动员荣获 47 枚金牌、43 枚银牌和 35 枚铜牌，光荣属于苏联体育运动！（图 22.34）。

新西兰选手沃克夺得男子 1500 米金牌，该国 2004 年发行的"动作回

图22.34

图22.35

放"邮票显示了沃克冲刺的连续镜头（图22.35）。

奥运会吉祥物开始出现在邮票上。吉祥物是指能带来好运的人、动物或其他物件，它的出现是和奥运会商业化进

程分不开的。1972年慕尼黑夏季奥运会首次设计吉祥物，是一只被称为"瓦尔迪"的巴伐利亚小猎狗。本届奥运会的吉祥物是一只称为"亚米克"的海狸，它代表友谊、勤奋，古巴为纪念本届奥运会发行的小型张就以"亚米克"为图（图22.36）。

加拿大邮政在发行这12套纪念邮票时，都刻制了首日戳供集邮者加

图22.36

盖纪念，邮戳的图案有的是项目图标（图22.37），雕塑那套邮票的首日戳图案是两只持锤子和凿子的手在雕刻（图22.38），表现出奥林匹克的文化内涵。

图22.37

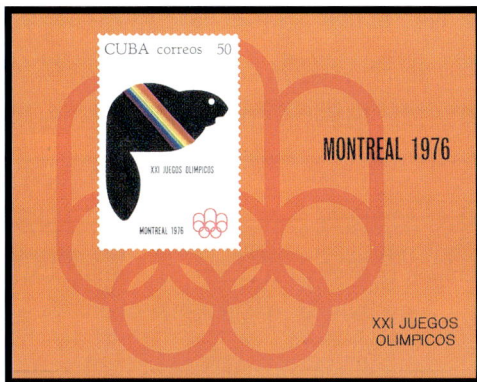

图22.38

1980年第22届莫斯科奥运会
——苏联发行的奥运会票、封、片数量空前

有一个风气，在全球内竟形成惯势。自 1964 年的东京奥运会起，举办奥运会的经费不断增加，到蒙特利尔奥运会时，已是耗资巨大，甚至出现了巨额亏空局面。这不可逆转的惯势，使得原想申办奥运会的中小城市自然望而生畏。结果，申办第 22 届奥运会的城市只剩下了莫斯科和洛杉矶。

1974 年 10 月 23 日，国际奥委会在维也纳举行第 75 次会议，基拉宁主席未公布表决票数，直接宣布莫斯科为第 22 届奥运会举办城市。

图23.1

令世人瞩目的不只是苏联申奥成功。这一年，苏联发行了 1 枚小型张，4 枚邮票的背景是体育场馆，边纸上印有"莫斯科——第 22 届 奥运会主办国的首都"（图 23.1），于是，苏联创造了最早的纪念申奥成功的邮票。

第22届 奥运会会期定在 1980 年 7 月 19 日～8 月 3 日。在这之前苏联已为筹办奥运会修建体育场馆，建设奥运村，装饰城市建筑，耗资达 20 亿美元。面对筹备中的巨额开支，苏联采取发行奥林匹克彩票、体育彩票，在国际市场上抛售黄金、招揽旅游者等形式创收，其中发行纪念邮票和邮资封片是筹集资金的重要手段。

苏联为本届奥运会发行了 73 枚邮票和 7 枚小型张，共 80 枚。至 2000 年，主办国为当届奥运会发行的邮票都没有突破这个数字。这 80 枚邮票分为多少套？集邮报刊和各版本的邮票目录分法不一，给集邮者的收集、整理带来不便。比如，莫斯科 1984 年版的《苏联邮票目录》辑录为 13 套，《中华世界邮票目录》与此相同。德国《米希尔》邮票目录则以发行日期和次数作分套标准，这80 枚邮票分 17 次发行，计算套数则为 17 套。我国集邮者著文、集邮企业印制的定位册均以 13 套为准。

苏联的 80 枚奥运会邮票的内容，是由会徽、各种竞赛项目、奥运旅游景点和吉祥物 4 个单元组成，它们的设计表现手法各不相同。

1976 年 12 月 28 日苏联邮政启动了奥林匹克系列邮票的发行"工程"。首套邮票 3 枚和 1 个小型张，票图为象征蒙特利尔、莫斯科的两只手传递圣火和本届奥运会的会徽（图 23.2）。

会徽是在五环的上面用 5 条具有弯度的平行线组成跑道，5 条长短不同的跑道构成了"塔"形，这个图案是由克里姆林宫的伊万大钟楼的造型提炼、抽象而来，在苏联类似伊万大钟楼的俄罗斯风格的古建筑很常见，会徽的图案凝聚了这些建筑的造型特征。会徽的 5 条线中间 1 条最高，顶端搁置 1 颗象征苏维埃政权的五星，会徽把奥林匹克和苏联的政治文化"图腾"融汇于一图。

图23.2

就设计而言，这些邮票中有几套非常出彩，设计家摆脱了传统的写实、写意手法，摒弃了抽象构图，而是以"反套路"的构思，在写实的基础上，把运动员的竞赛姿态用浮雕或雕塑的形式表现出来，并把"死"的雕像赋予生命，运动员肢体形态刻画得健美有力。第 2、第 3、第 5 套邮票以无边框、深底色

图23.3

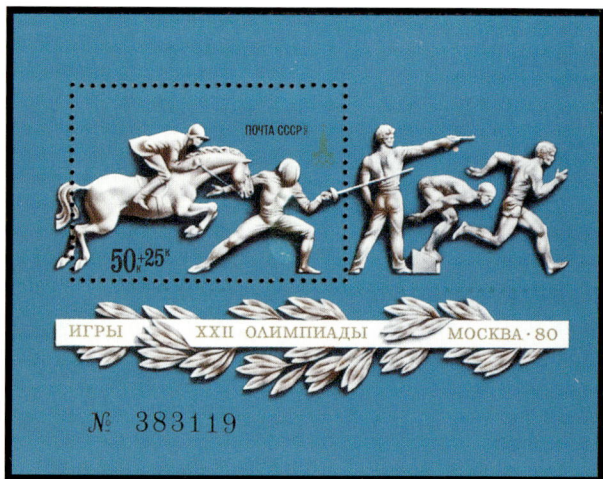

图23.4

衬托石雕像般的运动员的健美，呈现深沉的美学意境（图23.3、图23.4）。第9套的"球类"邮票画面让运动员的竞技姿态舞蹈化，雕像以优美的形态飘然于票面（图23.5、图23.6）。邮票的色彩设计也超出常规，出奇的色彩组合关系令人获得意外的审美愉悦，如第11套8枚的"田径项目"邮票（图23.7、图23.8），色彩脱俗而素雅，浓淡相间，看来随意，却是依主题而变化，加上主体人物和边框的和谐色调效果，真是让人百看不厌。上述几套邮票均由苏联艺术家利特维诺夫设计绘制，高水准的艺术品位，为奥林匹克邮票增光添彩。

图23.5

图23.6

图23.7

图23.8

图23.9

借奥运会之机开展旅游创收是筹集资金的重要措施，苏联为本届奥运会发行的73枚邮票中（小型张除外），有30枚是宣传旅游的。1977年发行1套6枚的"金环旅游"邮票，介绍6个城市的旅游景点，图23.9展示的是苏兹达利教堂大门的雕纹和古老的城徽。1978年以后陆续发行的金环旅游邮票共24枚，撷选莫斯科、明斯克、列宁格勒、基辅（图23.10）等城市风光为图。这24枚邮票由多位艺术家参与设计，风格大同小异，邮票用影写版和雕刻版印制。但雕刻版采用机雕刻画，线条稀疏粗糙，不甚精美，没有手雕版呈现的那种点线细腻工致、层次分明的技艺之美，印制上的欠缺有悖于设计家的初衷。

图23.10

最后一枚邮票是在本届奥运会闭幕后3个多月发行的，滞后发行的原因不详。该票是一枚小型张，票图是本届奥运会的吉祥物狗熊米莎（图23.11），这只手持火炬、腰系五环带子的可爱小熊，由苏联儿童书籍插图画家切兹科夫所设计。小型张的边纸印火炬传递路线图，左上角的会徽后面衬以塔式建筑群，诠释了会徽的含意。

苏联的第22届奥运会80枚纪念邮票，除最后1枚吉祥物小型张外，

图23.11

全部带有附捐，30枚"金环旅游"邮票面值均为1卢布加50戈比，1卢布面值在当时是相当高的，在高值基础上还得附捐50戈比，这意味着邮政用户和集邮者都得为举办奥运会多掏钱。80枚邮票的总面值将近58个卢布，前3套邮票每枚的发行量120万～650万不等，此后各套每枚70万左右，小型张也是这个发行量，由此可知这些邮票的总值，粗略统计在4800万卢布以上。这个数字非常可观，因为那时卢布与美元在国际金融市场的比价不相上下。

图23.12

图23.13

苏联邮政充分利用奥运之机创收，除邮票外还发行了邮资封片。1977年9月14日首发纪念邮资明信片，邮资图和左侧的辅图以奥运场馆为主，弥补上述邮票选图的不足（图23.12）。这套邮资片13枚，各枚发行量在50万～80万。明信片的面值低，市价不贵，全套新片50元左右。

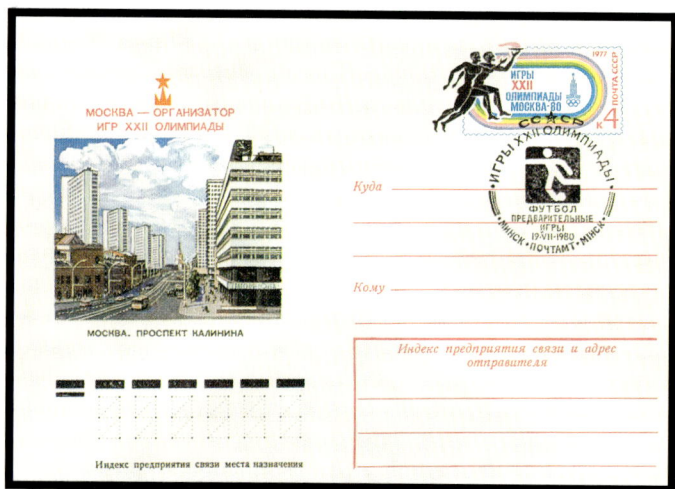

纪念邮资封于1977年11月9日发行，邮资图面值4戈比，由古希腊赛跑的造型、跑道、会徽和文字组成。左侧的图文是莫斯科加里宁大

街和两排宣传文字"莫斯科——第22届奥运会的组织者"（图23.13）。此封发行50万枚,市价8元1枚。另外还在普通邮资封左侧加印了纪念奥运会的图文,有资料统计共82种,市场标价800多元。

美国作为非主办国这次"出手"很大,1979年破格为本届奥运会发行2套6枚邮票、邮资明信片和邮资邮简各1枚。美国邮政亲近奥运会,是因为下届奥运会在洛杉矶举行,为了给洛杉矶奥运会造声势。邮票上印有"奥林匹克1980"字样,而又破例用5个五角星取代五环（图23.14）。邮票、明信片和邮简的邮资图（图23.15）均由美国艺术家罗伯特 · 库宁汉姆设计。1980年本届奥运会举办之前,苏军入侵阿富汗,为此美国宣布不参加这届奥运会,邮票、邮资片、邮简随即停售。

图23.14

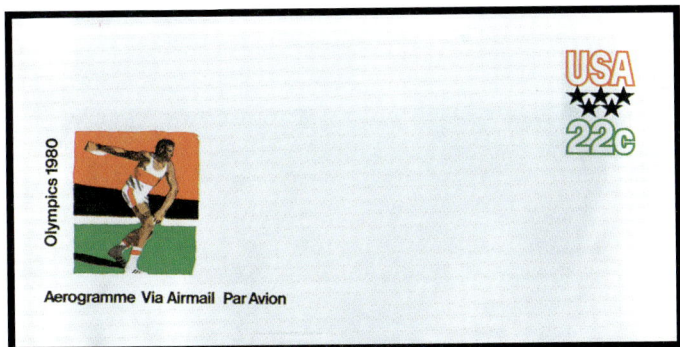

图23.15

尽管有2/5的国家奥委会因苏军入侵阿富汗抵制第22届奥运会,但为本届奥运会发行纪念邮票的国家与上届差不多,而且在选材、设计方面不乏创新之作。例如塞浦路斯的3枚邮票,以大写意的手法,大线条大色块表现体操、游泳、帆船3个比赛项目（图23.16）。马里的3枚雕刻版邮票,在构图上一改雕版邮票构图工整、刻板的现象,邮票画面颇显活泛（图23.17）。冰岛邮票则将新建的雷克雅未克国家体育中心的鸟瞰图作本届奥运会纪念邮票（图23.18）。汤加特为本届奥运会发行了异形纪念邮票（图23.20）。世界

图23.16

的奥林匹克邮票进入了选材、形式多元化时代，同时带动了邮政用品、集邮品的发行。

　　非主办国为这届奥运会发行邮票的"大户"是巴拿马，该国在1976年发行的"巴拿马国会150周年"30枚邮票组成的全张和3枚票组成的小型张上，加盖莫斯科奥运会会徽、13届冬奥会会徽、五环、火炬以及夏奥、冬奥的奖牌榜等图文，图文用金色和银色加盖在6个全张和小型张上（图23.19），总计达180多枚。加盖的图文错综繁杂，原票的图案与奥运会无关，枚数多而乏味，令集邮者头痛不已，但这1套180多枚的奥林匹克邮票，在数量上至今仍保持着这个纪录。

图23.17

图23.19

图23.18

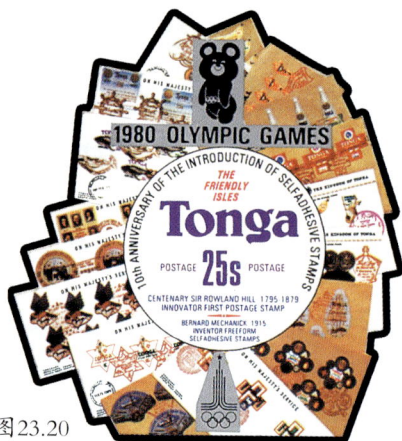

图23.20

　　许多国家的抵制直接影响了比赛成绩，使得金牌的"成色"不够足，因而为本国夺金摘银的项目发行邮票的国家也采取了低调。发行"奖牌邮票"最多的罗马尼亚这次未发邮票。匈牙利发行了1枚小型张（图23.21），没有具体获

图23.21

奖项目，在小版张的边纸下方加印"向1980年莫斯科奥运会获奖者祝贺 匈牙利邮局敬祝"两行字。保加利亚在1枚小型张边纸上印了13个获奖项目的图标。古巴的3枚邮票表示金银铜牌，在3枚邮票的附票上用文字说明获奖项目（图23.22）。蒙古的8枚

邮票记录了8个比赛项目夺金的国家，如图23.23票图为击剑，左侧的文字表示法国获4个级别的金牌4枚，苏联3枚，瑞典1枚。马里邮票铭记了女子500米单人皮划艇金牌得主民主德国选手菲舍尔的比赛场面（图23.24）。

图23.22

坦桑尼亚发行的第22届奥运会邮票，以该国的马拉松、女子短跑、男子标枪和拳击4个项目的优秀选手头像为图（图23.25）。

尼加拉瓜在1996年发行的邮票上，刻

图23.23

图23.24

图23.25

图23.26

图23.27

图23.28

图23.29

图23.30

图23.31

图23.32

录了9位奥运金牌拳王，其中7位是本届的冠军。他们是57公斤级金牌得主民主德国的芬可（图23.26）；51公斤级的保加利亚选手列索夫（图23.27）；60公斤级古巴的埃雷拉（图23.28）；63.5公斤级意大利选手奥利瓦（图23.29）；71公斤级古巴选手马丁内斯（图23.30）；81公斤级的南斯拉夫选手卡查尔（图23.31）；81公斤以上级的古巴选手史蒂文森（图23.32）。

1979年10月国际奥委会恢复了我国奥委会的合法席位，从本届奥运会开始中国运动员可以参加奥运会了。由于苏军入侵阿富汗，为了维护奥林匹克精神，中国奥委会宣布放弃参加莫斯科奥运会。

二十四

1984年第23届洛杉矶奥运会
——美国奥运邮票内容单调

　　对洛杉矶人来说，机会总是有的。1978年，国际奥委会雅典会议决定，第23届奥运会在美国洛杉矶举行。其实，当时洛杉矶是唯一的申办城市，当不少城市同情为举办奥运会而债台高筑的蒙特利尔市、并放弃了主办竞争时，洛杉矶就没有了竞争对手。第23届奥运会的举办时间定在1984年7月28日～8月12日。

　　洛杉矶确有实力。曾在1932年举办过第10届奥运会的经历和经验，使洛杉矶雄心勃勃。1932年，由于美国邮票选题的惯例以及设计印制等条框的束缚，洛杉矶只发行了2枚票幅很小的纪念邮票，当52年后美国再次举办奥运会时，教训已经变成了财富，美国邮票从选题设计、形式规格、套数枚数都已不拘一格今昔非比了，因此，不单是洛杉矶自己，连集邮者都期待着美国邮政推出精彩的奥林匹克邮票来。

　　美国邮政为本届奥运会发行了5套20枚邮票，邮票的画面全是比赛项目，可惜，与前几届主办国的邮票相比，内容毕竟显得单调了些。

　　当代奥运会主办国发行的邮票，内容取向呈多元化，除了表现比赛项目外，主办城市风貌和古迹、新建体育场馆、会徽、吉祥物等均纳入邮票画面。比如罗马、墨西哥、慕尼黑、莫斯科奥运会邮票均刻意彰显举办城市厚重的文化底蕴，表现主办城市的特色。对洛杉矶奥运会邮票的设计者来说此事难全，因为美国只有200多年的历史，文化层面积淀很浅，洛杉矶作为20世纪初期迅速

图24.1

发展起来的移民城市，更没有罗马、墨西哥城那样的古代文化的遗存。"先天"的不足，给邮票的选材带来欠缺。再有，洛杉矶奥运会采取全盘的商业化运作，在没有政府拨款，不给纳税人增加负担的情况下，不新建体育场馆，不建奥运村，所以也没有可在邮票上炫耀的新建体育设施。以上种种原因，在这20枚邮票上看不到洛杉矶的历史风貌和新建体育场馆了。如果将会徽或吉祥物设计进去，可以弥补些许不足，但这一点也被忽略了。

但是，邮票设计家罗伯特·帕克的20枚作品在表现手法上还是可圈可点的，邮票上运动员造型在写实手法的基础上，颜色平涂，略显装饰性的效果，运动员的肤色以棕红色为基调，凸显体态苗壮。票面图文错落有序，面值、国名、五环置于留出来的空白位置，非常醒目。在制版时将不同画面邮票排成四方连的形式，视觉上感到热烈的气氛（图24.1、图24.2）。让集邮者瞩目的是这5套邮票中出现了无齿孔四方连（图24.3），而且价格不菲。

美国邮政还为这届奥运会发行了2枚邮资明信片，邮资图为帆船比赛和火炬传递跑（图24.4），还发行1枚航空邮资邮简，这3枚邮资片、邮简市场常见，不难收集。难集的是奥运会期间美国邮局启用的34种纪念邮戳，邮戳左侧刻有比赛项目的图案，右侧的销票部分是无规则交叉的细线（图24.5），这样可以把戳记对票面的污染减小到最低限

图24.2

图24.3

图24.4

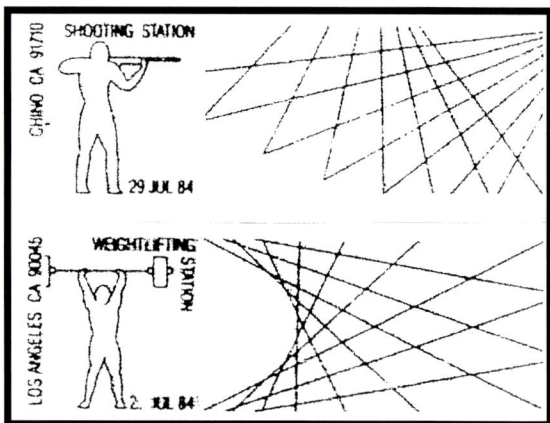

图24.5

度。它的使用限定在该项目的比赛地点和比赛的期间之内，过期封存。若收集这30多枚纪念邮戳的实寄邮品，必须在限定时间内跑30多个赛地才能如愿以偿。

1984年正逢国际奥委会成立90周年，法国发行的纪念本届奥运会的邮票上，还有纪念国际奥委会的文字。邮票以超长的票幅刻画了多项田径比赛的项目，画面虽然繁杂，但层次清晰，图24.6是这枚邮票的极限明信片，明信片上盖着巴黎纪念国际奥委会90周年和23届奥运会的邮戳。

这一年，奥林匹克邮票出现了一个新面孔，米老鼠和唐老鸭登上了奥林匹克方寸舞台。这是美国一家名为"国际政府级集邮公司（IGP）"与某些国家（或地区）政府的邮政机构商定发行的邮票。IGP公司为其设计印制邮票，邮票在该国（或地区）邮局出售一部分，其余由IGP公司进行市场运作。这些邮票采用胶印，但比起许多国家的胶印邮票精细得多，票幅较大，色彩艳丽。

图24.6

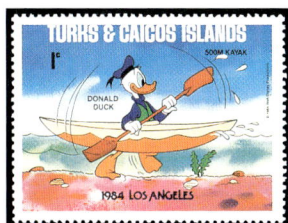

图24.7(上)，图24.8(下)

图 24.7、图 24.8 是安圭拉、图克斯凯克斯群岛的洛杉矶奥运会卡通邮票。把奥林匹克运动会用妇孺皆知米老鼠、唐老鸭卡通形式表现出来，对于宣传奥运会、激发少年儿童收集奥运邮票无疑是有益的。

本届奥运会的会徽名为"运行之星"，图案由红、白、蓝 3 个相叠的五角星、

图24.9

五环和 1 排文字 "Games of the XXIIIth Olympics Los Angeies 1984" 组成，五角星由 13 条横向的平行线串连，呈现动态效果，寓意不停地进取。这个会徽出现在印度尼西亚（图 24.9）、中非（图 24.10）、巴基斯坦等几个非主办国的邮票上。

礼赞此届奥运明星邮票以罗马尼亚为最，该国发行了 2 枚小型张，内含 12 枚邮票，记录了罗马尼亚选手在举重、女子 800 米接力、男子 1000 米双人皮划艇、女子体操、女子跳远等项目中荣获的金牌。图 24.11 小型张内的第 6 枚邮票，是这届奥运会新增项目艺术体操的银牌得主斯泰库列斯库。

马术是德国传统的优势项目，这次联邦德国选手科里姆克在该项目的盛装舞步个人比赛中拿得金奖，马里邮票展现了"舞步"比赛的一个镜头（图 24.12）。

图24.10

图24.11

　　1996 年的阿塞拜疆邮票，记下了这届奥运会的 4 位金牌明星。他们是：李宁，他在体操比赛中取得 3 金 2 银 1 铜的优异成绩，图 24.13 这枚邮票选李宁在鞍马比赛中的"托马斯全旋"为图。第 2 位是美国黑人选手刘易斯（图 24.14），他再现了 48 年前欧文斯夺金的风范，荣获了 100 米、200 米短跑金牌后，在 4 ×100 米接力赛中以最快的速度跑完最后一棒，又获 1 枚金牌。他在逆风的条件下把跳远的金牌再揽入手中，1 人包揽 4 金，刘易斯的金牌数量和获奖项目与当年欧文斯一样。这枚邮票出现了一个小错误，票面左下的文字"洛杉矶 1994"应为 1984。美国选手洛加尼斯获男子跳板、跳台 2 枚金牌（图 24.15）。图 24.16 是男子 5000 米赛跑金牌得主摩洛哥选手奥伊塔。

　　这一时期，收集奥林匹克题材的极限明信片在欧美诸国成为"时尚集邮"，

图24.12

图24.13

图24.14

图24.15

图24.16

主办国和非主办国的邮政集邮部门制作了一些极限片供应市场。图24.17为美国的"官制"极限片，虽然明信片画面和邮票图相同或近似，和今天FIP极限集邮展览规则略有不符，但在20多年前这些极限片还是使邮政和极限集邮者双双受益的。

中国选手以强大的阵容参赛，成绩斐然，另在后文叙述。

图24.17

二十五

1988年第24届汉城奥运会
——韩国奥运邮品种类繁多

1981 年，第 84 届国际奥委会会议在联邦德国巴登市举行，决定第 24 届奥运会的承办城市。当时申办本届奥运会的只有汉城和日本的名古屋，由于名古

图25.1

屋市民反对申奥，并派代表去巴登会场发难。结果，巴登会议上汉城以 52:27 票赢得主办权。韩国邮政于 1981 年 10 月发行 1 枚邮票，庆贺申奥成功，邮票主图是五环，SEOUL（英文汉城）5 个字母各置一个环内，左上角是敞开的汉城南大门，寓意欢迎世界走进韩国（图 25.1）。第 24 届奥运会的会期定在 1988 年 9 月 17 日至 10 月 2 日。

韩国人认为，奥运会的影响力能远及国家的各个领域，借举办奥运会的契机，可以促进经济的发展，向全世界展示国力。因此，汉城奥运会由国家投资 40 亿美元兴建体育场馆和高速公路，改善城市环境。在举国上下积极筹办奥运会的气氛中，韩国邮政于 1985 年 3 月推出第 1 套奥运邮票。

第 1 套邮票 2 枚及由这 2 枚票组成的小型张，2 枚邮票以本届奥运会会徽和吉祥物作为奥运系列邮票的开场白。会徽（图 25.2）的主图由红、黄、蓝 3 色组成漩涡图案，3 种颜色代表天、地、人"三元一体"的哲学理念。漩涡图向上部分逐渐虚化，产生视觉上的动感，寓意奥林匹克运动向上进取生生不息。漩涡图的造型融进了韩国的国旗

图25.2

国徽里的"太极图"的意念，漩涡图下置五环和一排英文，明示 24 届奥运会举办时间和地点，会徽把韩国文化和现代奥林匹克精神合为一体。

本届奥运会的吉祥物是一只名为"虎多力"的小老虎（图 25.3）。虎是朝鲜民族的形象代表，象征威武勇猛。虎多力脖子上挂着五环胸牌，在小帽子上

图25.3

引出 1 根朝鲜民族舞蹈中的长绳，飘逸的长绳呈"S"形，此为汉城的英文"SEOUL"的第 1 个字母。

图25.4

第 2、3、4 套票每套均为 2 枚，共 6 枚，每套各有 1 枚小型张配组。3 套票用淡淡的红、蓝、绿色曲线衬出运动员的轮廓，跨栏、自行车、篮球等 6 个比赛项目仿佛在彩虹衬托之中（图 25.4、图 25.5）。邮票画面色彩淡雅，但整个票图显得呆板单调，奥林匹克的竞争气氛不足。

图25.5

1986 年发行的第 5、6、7 套票共 8 枚，每枚票配 1 个含 4 枚票的小型张（图 25.6、25.7），8 枚票共 8 个小型张。8 枚邮票以浓郁的重彩刷

图25.6

图25.7

出底色，画面产生不稳定的流动感，运动员的色彩与底色接近，使得运动员的造型"不鲜明"，这种色彩效果隐喻了竞争的激烈和比赛结果的多变性。

1987 年发行 2 套共 8 枚，韩国目录编为第 8、第 9 套，每枚票配 1 个含 2 枚票的小型张。本届奥运会新增乒乓球比赛项目，恢复了中断 64 年的网球比赛项目，这 2 套邮票将"两球"收进（图 25.8、图 25.9、图 25.10）。从 1985 年发行的第 2 套票起，加上 1988 年发行的第 10 套的 2 枚票，这 24 枚邮票将本届奥运会的 23 个比赛项目和跆拳道表演项目（图 25.11）全部表现在票面上，

图25.8

按照这个思路策划设计，这一大套奥林匹克系列邮票的枚数适当，只是小型张搭的偏多。

1988 年发行的第 11 套票，以容纳 10 万人的汉城蚕室奥林匹克体育场（图 25.12）和火炬接力的场面为

图25.9

图。在奥运会开幕的前 1 天发行了第 12 套票，票图有身穿民族服装的团体操表演（图 25.13），汉城古建筑和现代高楼大厦（图 25.14），纪念本届奥运会的

图25.10

图25.11

图25.12

图25.13

图25.14

图25.15

图25.16

图25.18

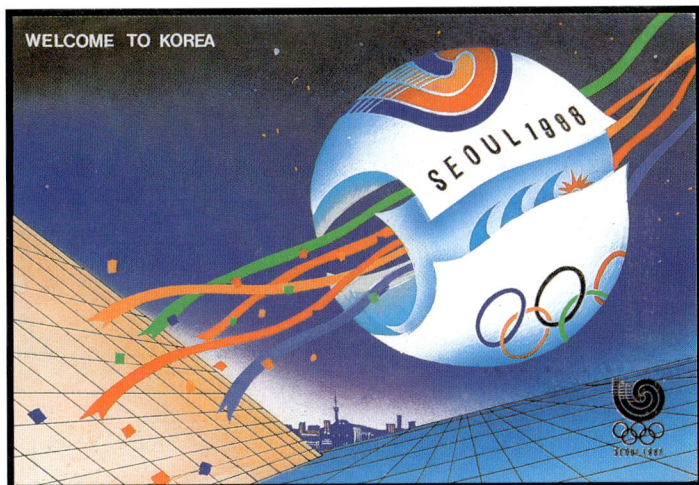

图25.17

韩式新建筑等，韩国的民族文化通过邮票走向了世界。

配合奥运会发行邮资明信片、邮简已是主办国邮政例行之事。此届韩国邮政与1985年首发2枚普通邮资明信片，邮资图为会徽和虎多力，面值40圆。此后面值增长到50、60圆（图25.15、图25.16），因此普片共有6枚。1987年的4枚国际航空纪念邮资片，邮资图仍是会徽，但面值是300圆，背面印有人群组成的五环、韩剧以及"欢迎来韩国"的宣传画面等（图25.17）。

邮简是在1984～1985年间发行的，共7种。邮资图有吉祥物（图25.18）、飞机等，有的在背面印奥林匹克体育场馆的鸟瞰图。

主办国的纪念邮戳有三大

图25.19

图25.20

图25.21

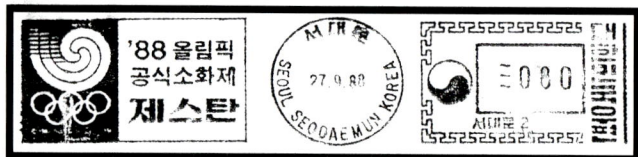

图25.22

图25.23

类。一类是邮票发行的首日戳，共33种，图案是虎多力与邮票比赛项目图相应的姿态，以及会徽、场馆等（图25.19、图25.20）。第2类是比赛项目（图25.21），按比赛日期在比赛的地点使用。第3类是汉城邮局启用的邮资机签条（图25.22），贴有这种邮资机签条戳的邮件比上述2类少得多。

除此之外，韩国邮政还印制了供奥运村专用的纪念邮资明信片，这些片有的为免资，有的则是邮资已付形式。出人意料的是邮政部门专为奥组委印制了邮资已付包封纸，供组委会包装邮寄通讯刊物等印刷品使用。纸上有体育场馆、吉祥物、会徽等图案。包封纸这种邮政用品历史悠久，但在第二次世界大战前后欧美一些国家邮政就陆续停止发行使用了。此次韩国邮政将这尘封数十年的邮政用品开掘出来，可见韩国借奥运之机缘把种种邮政资源用足，以资扩大自身的国际影响和举办奥运会资金的收益。

本次奥运会是1976年蒙特利尔奥运会以来没有抵制的完整的一届，因此世界一流选手云集，规模空前盛大。一些非主办国为其发行的邮票，在选材设计上颇有特色。例如，联邦德国的3枚邮票采取电视的"马赛克遮挡"手法，邮票画面虚虚实实，耐人寻味（图25.23）。格林纳达首次派队参赛，发行的纪念邮票以卡通画为图，图25.24是举着横幅的莫蒂和费蒂，图25.25邮票把花样游泳比赛的唐老鸭撷入画面，憨态可掬。南斯拉夫的小型张描绘了汉

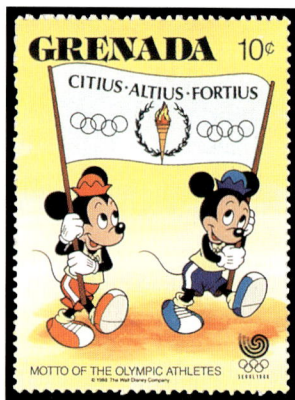

图25.24

图25.25

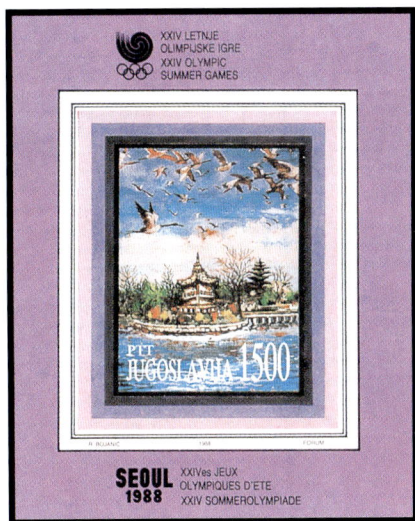

图25.26

图25.27

城园林风光（图 25.26）。

各项目的比赛异常激烈，苏联选手荣获金牌总数第一，这个成绩加盖在 24 届奥运会小型张上，内容是"苏联运动员荣获 55 枚金牌，31 枚银牌，46 枚铜牌。汉城 1988"（图 25.27）。

罗马尼亚用 2 枚小型张褒奖本国选手夺得的 7 金 11 银 6 铜。图 25.28 这枚小型张上记录了具体获奖项目：女子体操选手希利瓦斯夺得高低杠、平衡木、自由体操 3 枚金牌；男子自选手枪金牌得主巴比等。

南斯拉夫的奖牌邮票非常精彩，以素描的手法表现获奖选手激烈比赛的一幕，运动员形象刻画逼真，就连运动服的衣纹也描绘得非常清晰。8 枚邮票加 1 枚附票组合成 1 个小型张（图 25.29），集中表现该国选手

图25.28

图25.29

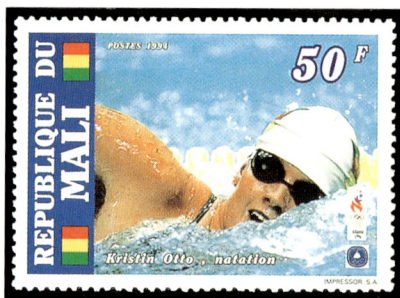

图25.30

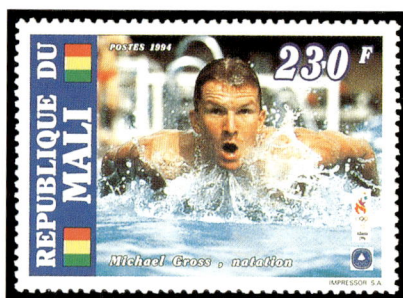

图25.31

　　的成绩：塞卡里奇夺得女子气手枪、运动手枪的金、铜牌；乒乓球男双银牌和
女双铜牌；男子篮球负于苏联队夺得的银牌等。

　　民主德国选手夺金数量位居第二。有"女飞鱼"美称的游泳选手奥托一举

图25.32

翰逊以 0.3 秒战胜了上届冠军刘易斯，顿时誉满全球。不料约翰逊尿检呈阳性，成绩无效，金牌按顺位升格给了刘易斯。刘易斯又获跳远金牌 1 枚。上届奥运会还拿到了 200 米和 4×100 米 2 枚金牌，此次虽未能如愿，但刘易斯的名声不减，中非的小型张把他的头像作为主图（图 25.33）。

美国女子短跑选手乔伊纳，正值其运动生涯的辉煌期，一人摘取了 100 米、200 米、4×100 米 3 枚金牌，光彩夺目。她创造的 100 米、200 米纪录至今无人突破。后来乔伊纳因心脏病猝死，年仅 38 岁。

夺得 6 枚金牌，成为本届奥运会荣获金牌最多的选手（图 25.30）。另一位联邦德国选手格罗斯夺得男子 200 米蝶泳金牌（图 25.31）。在女子花剑个人比赛中，联邦德国的菲希泰尔拥得金牌，图 25.32 是她得胜陶醉高兴的一瞬。

男子 100 米决赛是历届奥运会一大看点，本届奥运会的百米决赛爆出轰动全球的丑闻。加拿大选手约

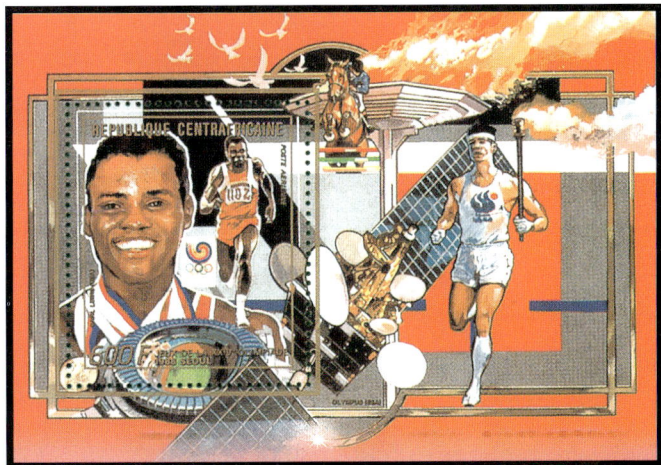

图25.33

图2534

图25.35

安圭拉、圭亚那邮票记录她当年夺冠时的英姿（图 25.34、图 25.35）。

网球比赛重返本届奥运会，把一些优秀的职业选手吸引到赛场。此届的女

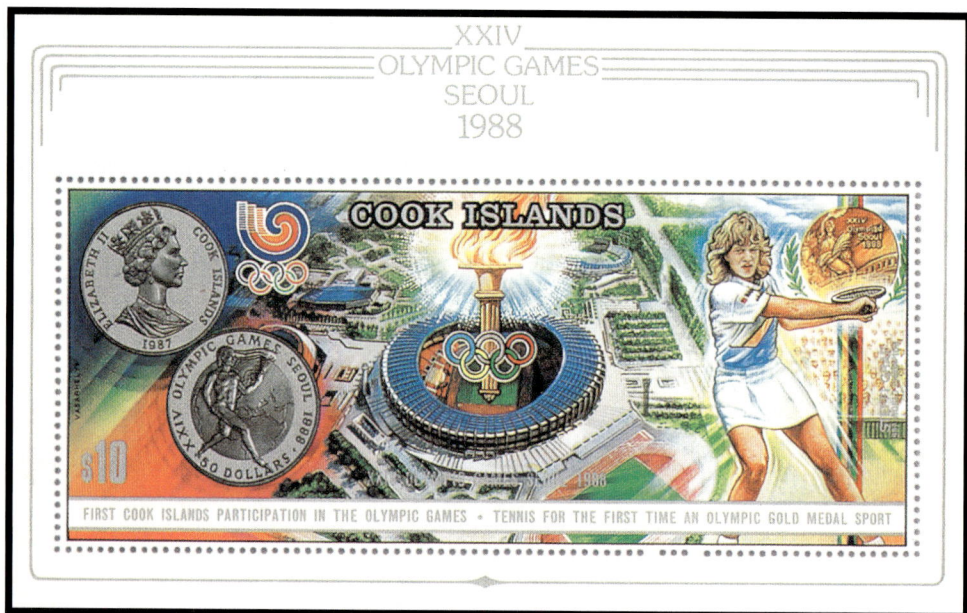

图25.36

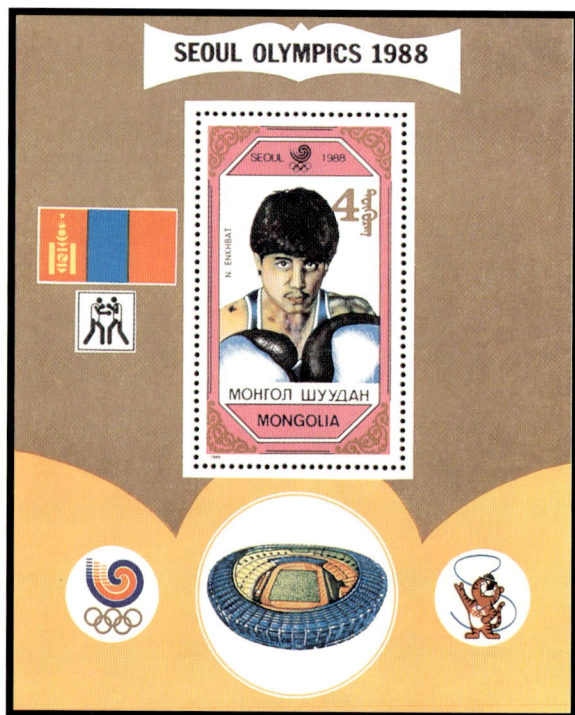

图25.37

图25.38

图25.39

网单打金牌被世界名将联邦德国的格拉芙摘取。在库克群岛发行的小型张的组合画面上，把格拉芙击球的姿势置于右侧，非常醒目（图25.36）。

翌年，蒙古国发行4票1张，颂扬乔伊纳、奥托等金牌选手，小型张上的年轻人是蒙古拳击选手恩赫巴特，他获得60公斤级的铜牌（图25.37）。

此外，本届的女子马拉松金牌被葡萄牙选手莫塔摘取，马尔代夫的"奥运女星"邮票其中1枚是她（图25.38）。新西兰选手弗格森、麦克唐纳夺得双人皮艇金牌，在新西兰的"动作"邮票中，可见他们的划船动作（图25.39）。

网球被列入比赛项目引起许多网球强国的重视，联邦德国的奥运邮票首日戳特选网球为图（图25.40）。

图25.40

二十六

1992年第25届巴塞罗那奥运会
——大手笔的主办国邮票

　　巴塞罗那曾申办 1924 年的第 9 届奥运会，此后又申办 1936 年第 11 届、1940 年第 12 届、1972 年第 20 届奥运会，均未成功。1986 年 10 月 7 日国际奥委会洛桑大会上，巴塞罗那在第 3 轮投票中以绝对多数获得第 25 届奥运会的主办权，巴塞罗那 70 多年的主办奥运会的夙愿终于如愿以偿，此时，巴塞罗那市民通宵欢庆，西班牙人沉浸在欢乐之中。

图26.1

　　翌年，西班牙邮政发行 2 枚邮票纪念申奥成功，票图为五环和巴塞罗那的巴特罗宫（图 26.1 ），第 2 枚以田径比赛为图。此外，在 1987 年格罗那全国邮展、1988 年巴普洛那全国邮展的小型张上，也将有关奥运的图文设计进去。

　　西班牙的奥运会系列邮票自 1988 年 10 月始发，到 1992 年共发行 12 套 34 枚(含奥运邮展)，其中有 25 枚表现 25 个比赛项目，在奥运系列邮票里占有很大比重，其他内容为会徽、吉祥物、体育场馆。

　　西班牙奥林匹克邮票的设计，沿袭了西班牙当代绘画大师毕加索、米罗、达利等人艺术创作的血脉，融汇了立体主义、超现实主义、表现主义以及巴塞罗那的"20 世纪主义"新潮的表现特征，使这套邮票在主办国的奥林匹克邮票中独树一帜。

　　奥林匹克邮票中常见的写实具象表现手法，虽然能如实地描绘运动员的比

图26.2

图26.3

图26.4

图26.5

图26.6

图26.7

图26.8

图26.9

图26.10

赛姿态，但各项比赛的效率、准确度、力量的感觉、选手的心理情绪等这些抽象的因素，写实的手法是难以表现的。西班牙的25届奥运会邮票的设计家的思考是，既要表现奥运竞赛的深层意识，又要让各阶层的邮票用户和各国集邮者感知其内容，于是在构图上采取具象和抽象的融合的手法，通过色彩、线条、块面、形体的变化形式，表现了西班牙人的奥运观念和主题内容。如图26.2～图26.8这7枚邮票表现的是篮球、手球、排球、游泳、网球、乒乓球、射击等奥运项目，画面虽然有些扑朔迷离，但让人尚能感知其内容。这一大套系列邮票中，也有几枚用写实手法表现的，竞赛场面的刻画也十分深刻（图

26.9、图 26.10）。

在这套邮票中，会徽图排在第 1 枚（图 26.11）。会徽的上部由一个蓝色的点和黄色、红色曲线式的色块构成人形。红、黄、蓝色块象征地中海文化的三个主题——太阳、生命和海洋。三个色块构成的人形，似跑似跳似举起双手欢迎来自世界各地的朋友，会徽的下半部是奥运会的五环标志。另外，西班牙邮政在奥运会期间使用的 ATM 机售的邮票（俗称电子邮票），也以会徽为图（图 26.12），这是奥林匹克邮票家族中的第 1 套电子邮票。

图26.11

图26.12

图26.13

本届奥运会的吉祥物名字叫科比（Cobi），由画家马里斯卡尔设计。科比的脑袋有棱有角，表情古怪，长相有点儿丑陋，像猫、像熊、像狗、像羊又像狼……（图26.13）。当它公诸于世时，连那些看惯了毕加索、达利的怪诞离奇绘画的西班牙人对此都有非议，有人取笑，甚至嗤之以鼻。它的设计者说科比是一只可爱的小狗，随后科比出现在幽默连环画、电视剧上，越来越受到人们的喜爱。到奥运会开幕前两年，科比走俏走红，在 T 恤衫、

图26.14

图26.15

钥匙链等许多奥运纪念品上，只要有了科比就畅销无阻，科比给奥运市场带来繁荣，给巴塞罗那奥运会带来了吉祥。

1992年7月25日，巴塞罗那奥林匹克体育场燃起了熊熊的奥运圣火，第25届奥运会拉开了帷幕。这一天西班牙发行了第11套奥运系列邮票，图为巴塞罗那奥林匹克体育场、圣乔迪体育场、体育学院大楼（图26.14）。邮票取其建筑物的远景，画面空旷而宁静，与前面那些变形、激情不安的邮票画面形成了鲜明的对比。

本届奥运会新增了棒球、羽毛球，保加利亚为奥运会的新增项目发行了1套邮票，其中1枚为棒球（图26.15）。

苏联和东欧的几个国家自20世纪50年代起，每届奥运金牌榜排名大多在前3名，而且每届奥运会必发邮票。本届奥运会开幕前夕东欧政局巨变，使得这些国家发行奥运邮票的格局、形式随之发生变化。苏联在1991年9月发行3枚巴塞罗那奥运邮票，国名为"CCCP"（图26.16），接着苏联解体，8个月后发行的3枚邮票国名变

图26.16

图26.17

为俄罗斯"РОССИЯ"（图26.17），而且票幅改小，邮票所表现的奥运强国气势削弱了不少。

苏联解体后独立的爱沙尼亚、乌克兰、拉脱维亚、立陶宛、摩尔多瓦、土库曼斯坦，以及南斯拉夫解体后的克罗地亚、斯洛文尼亚以

图26.18

图26.19

图26.21

图26.20

独立的国家走进了奥运会，并为本届奥运会发行了邮票，图26.18为立陶宛邮票。斯洛文尼亚的2枚邮票为平行四边形，为奥林匹克邮票增添了一种新票形。

图26.22

苏联、南斯拉夫作为一个国家已从历史上消失，但前苏、前南的奥林匹克邮票却永远留在集邮者心中，在他们的邮集中永存。

美国、法国均为本届奥运会发行了邮票（图26.19），巴西的3枚邮票把纪念第11届泛美运动会和本届奥运会合并发行，并带1枚附票（图26.20）。

韩国选手夺得本届奥运会12枚金牌，韩国为此发行2枚邮票，1枚是56年前柏林奥运会马拉松冠军的孙基祯，第2枚是本届马拉松金牌得主黄永柞（图26.21）。朝鲜为4位夺金选手发行了小型张（图26.22），他们是崔吉洙（51公斤级拳击）、裴吉洙（男子鞍马）、李鹤顺、金一（52公斤、48公斤级摔跤）。

图26.23

罗马尼亚选手摘得4金2银1铜，该国照例发行2枚小型张以邮代奖，图26.23小型张褒扬的是，女子自由体操金牌得主米洛索维奇、男子四人单桨有舵手赛艇金牌、女子跳高选手阿斯塔菲的银牌、女子花剑团体铜牌。

图26.24

中国选手夺得乒乓球赛女单、女双、男双三金，男子单打金牌落在瓦尔德内尔手中，但在奥运奖牌榜邮票中找不到他的名字和形象，好在7年前的1985年第38届世界乒乓球锦标赛时，瑞典发行的2枚邮票中有1枚是瓦尔德内尔的发球姿势（图26.24）。当年风华正茂，而今中国球迷称他"老瓦"了。

男子篮球比赛格外引人注目，以世界级球星乔丹、约翰逊等职业球员组成的美国"梦之队"，杂技般的球艺所向披靡，轰动了巴塞罗那。决赛之时，西班牙、国际奥委会的要人均临现场观看，"梦之队"摘金势在必得。

图26.25

圣多美和普林西比为本届奥运会发行的小型张取乔丹飞起扣篮的一瞬（图26.25）。

德国统一后实力大增，居奖牌榜第3位。女子跳远选手德雷克斯勒在汉城奥运会作为民主德国选手夺得银牌，此次代表统一的德国摘得金牌（图26.26）。马术是德国的传统强项，该国选手乌普霍夫在盛装舞步个人赛中夺金（图26.27）。德国黑森州邮政在普通邮资明信片上加印图文，褒扬该国的32名优秀运动员。其中有本届男子5000米赛跑金牌得主鲍曼（图26.28）；女子跳高金牌获得者亨克尔（图26.29），德国的邮资信封的邮资图撷选她背越横竿的一瞬间（图26.30）。

中国选手在本届奥运会中夺得16金22银16铜的成绩，本书另作叙述。

图26.26

图26.27

图26.28

图26.29

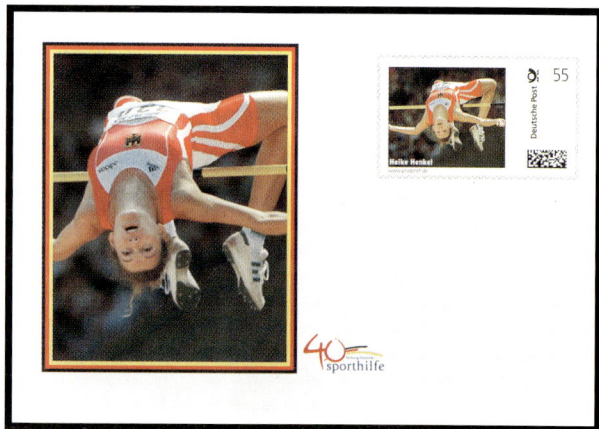
图26.30

二十七

1996年第26届亚特兰大奥运会
——与现代奥运会100周年同庆

1996 年是第 26 届奥运会举办之年，又逢现代奥运会百年大庆。从 20 世纪 80 年代末起，就有雅典、亚特兰大、贝尔格莱德、曼彻斯特、墨尔本和多伦多 6 个城市申办 26 届奥运会。

图27.1

现代奥运会发源于雅典，雅典申办有历史渊源可循，希腊人希望百年奥运会再回雅典，提出"1996 属于雅典"的口号亦在情理之中。雅典激昂的申办情绪，还表现在希腊 1989 年、19 90 年为申办奥运会发行的两套邮票上：两套邮票都有"橄榄枝、1996、雅典"奥运徽志（图 27.1），似乎雅典主办 26 届奥运会势在必得。

1990 年，在东京召开的国际奥委会第 96 届全会上，亚特兰大以 51:35 票的优势赢得了第 26 届奥运会主办权。人们知道，雅典具有奥林匹克的历史，而亚特兰大则有经济及各方面的实力。

1996 年 5 月 2 日，美国邮政为亚特兰大奥运会发行 1 套 20 枚的纪念邮票，这 20 枚邮票为一个小版张（图 27.2）。20 枚邮票以田径、球类、自行车、马术和水上项目为图，其中新增的比赛项目沙滩排球首次上了邮票，小版张的每枚邮票背面印有相关的文字。美国邮政还为现代奥运会 100 周年发行 1 枚雕刻版的邮票，票图为雕塑"掷铁饼者"（图 27.3 是用这枚邮票制作的极限明信片）。该票的小版张（5×4），设计家独具匠心，在由 20 枚邮票组成的方连左侧，以

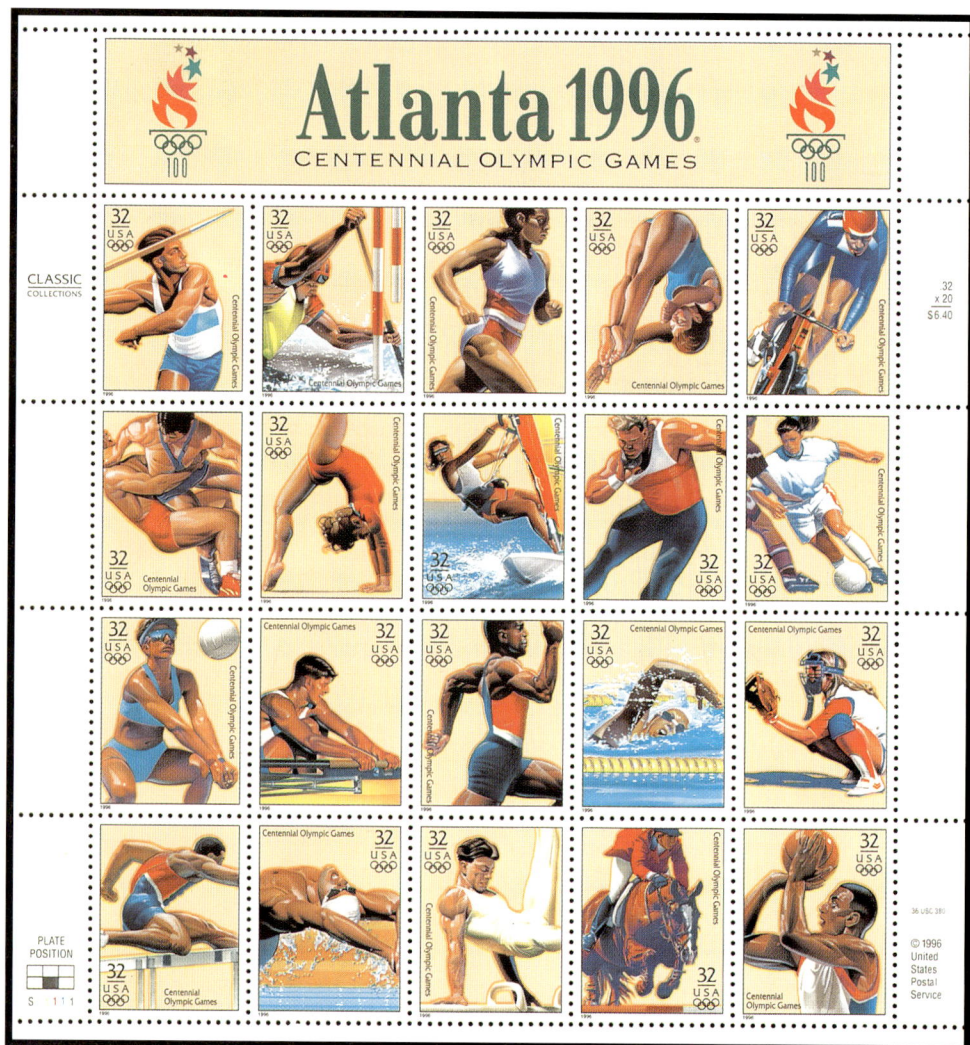

图27.2

大幅面的边纸将"掷铁饼者"
雕塑置于其上，很具感染力。

美国奥运邮票采用小版张
的形式，目的是吸引集邮者和
邮政用户整版购买，这就增加
了邮票的销售量。集邮者购买
后大多整版收藏，而邮政用户
购买后，有的也舍不得撕开版
张贴用这些邮票，这样邮政部

图27.3

图27.4

型张，小型张的边纸上印有五环标志。邮票图以浓墨重彩的大手笔，点染出耀眼的光彩，使票面斑驳而热烈，烘托出体育竞赛的激烈气氛（图27.6）。

英国自1948年主办14届奥运会时发行1套邮票后，1996年发行了第2套奥运邮票，时隔48年英国邮票已令人刮目相看了。这套5枚横连邮票的设计颇具特色，运动员的形象用高光的亮色和背光的暗色对比表现出来，艺术语言简洁干净（图27.7）。

波黑的4枚邮票中，有1枚票图是赛跑，为了表现赛跑的速

门就不必为贴用的邮票付出劳务。因此，小版张售出后，扣除低廉的印制成本之外全是利润，而且邮票面值印得越高利润越大。所以，许多国家发行的奥运邮票都采取小版张形式，借奥运契机为邮政创收。

美国邮政还发行了1套20枚的邮资明信片，邮资图以及明信片的画面与邮票图相同，集邮者用这套明信片制作了极限明信片（图27.4）。亚特兰大邮局还刻制了纪念邮戳在大会期间使用（图27.5）。

亚特兰大奥运会和奥运百年作为1996年世界性的体育盛事，许多国家为此发行了邮票。联合国邮政机构发行了邮票和小

图27.5

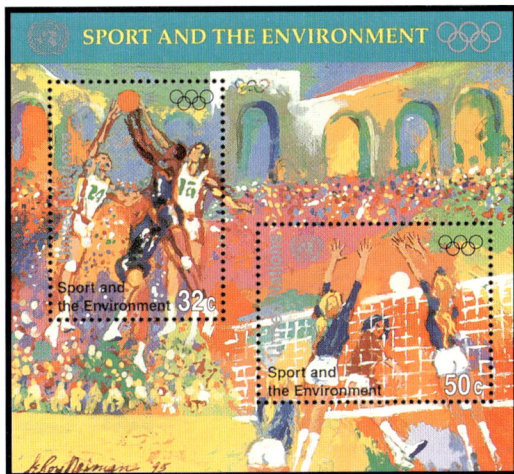

图27.6

图27.7

度和力量，设计家奇思构想，在运动员的旁边虚拟一个超人和一个蓝色的"外星人"与他齐肩飞奔（图27.8），用当代的科幻具象

图27.8

图27.9

寓意抽象的速度。与这枚邮票相连的票图是本届奥运会会徽，会徽的主体由火焰、五环和"100"组成，表示现代奥运会百年。火焰的上部迸出三颗星，与火炬的金色相应，寓意金牌明星辈出。

本届奥运会新增22个单项比赛，保加利亚发行的奥运会新增项目邮票中，有1枚是本届奥运会新增的男子山地自行车越野赛（图27.9）。另一个新增项目男子双向飞碟射击出现在卡塔尔的邮票上（图27.10）。

本届奥运会是100年来参赛国家最多、运动员最多、比赛项目最多的一次盛会，各路选手竞争激烈，许多发展中国家（或地区）的选手表现突出，厄瓜多尔选手佩雷斯在男子20

图27.10

公里竞走比赛中荣获金牌，厄瓜多尔以邮代奖，专为他发行 1 枚邮票和 1 枚无齿孔小型张，小型张的画面取他获胜后向观众招手致意的镜头（图 27.11）。这枚小型张实际是 1 枚硕大的无齿孔邮票，面值在左下角，贴用时邮件的幅面必须比它大才能实寄。

　　新西兰游泳健将洛德将男子 200 米、400 米自由泳的两枚金牌收入囊中；泰特夺得马术三日赛个人金牌。新西兰邮票设计家将两位明星的头像拼在一起，构成 1 枚圆形邮票的画面（图 27.12）。这套 7 枚的邮票是奥林匹克邮票中最早的圆形票。

　　泰国选手卡姆辛格在 57 公斤级拳击赛中荣获冠军，为泰国夺得第 1 枚奥林匹克金牌，泰国发行 1 枚邮票予以表彰，但票面上没有卡姆辛格的形象，只有泰国国旗和金牌（图 27.13）。邮票中的金牌作了压凸处理，凸出票面的金牌有立体感。

图27.11

图27.12

图27.13

图27.14

　　中国香港选手李丽珊在女子"米斯特拉尔"型帆船赛中，为香港夺得 1 枚可贵的金牌，香港邮政将其载入第 11 号通用小型张的边纸上（图 27.14）。

二十八

2000年第27届悉尼奥运会
——澳大利亚发行数码版"即时邮票"

第 27 届奥运会是 20 世纪最后一次奥运会，世人格外关注。申办本届奥运会的有北京、悉尼、柏林、曼彻斯特、伊斯坦布尔 5 个城市。1993 年 9 月 23 日国际奥委会在摩纳哥的蒙特卡洛举行第 101 次会议上，悉尼仅比北京多 2 票获得 27 届奥运会的主办权。会期定在 2000 年 9 月 15 日至 10 月 1 日。

图28.1

1996 年 7 月 22 日，澳大利亚邮政发行"奥林匹克旗从亚特兰大移交给悉尼"纪念邮票 1 枚，拉开了主办国发行 27 届奥运会系列邮票的序幕。这枚邮票画面由美国秃鹰、ATLANTA 和澳大利亚袋鼠、SYDNEY 以及烫金的火炬组成，图 28.1 是这枚邮票的极限明信片。

1999 年 9 月 14 日发行"27 届奥运会会徽"邮票（图 28.2 为此票的极限片）。会徽名为"新世纪运动员"，由 1 个奔跑的运动员和 1 条短粗的锯齿

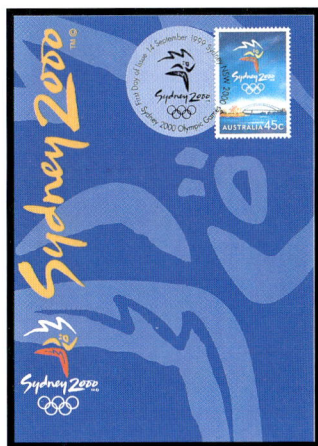

图28.2

图28.3

图28.4

形曲线构成奥运火炬。运动员是由 3 支形似月牙的澳大利亚土著狩猎用的回旋镖组成，火炬的火焰是悉尼歌剧院的外形曲线，奔跑的运动员下面是手写体的悉尼、2000 和五环。会徽图案简练，而且看上去有"随意"的感觉，实际上却是设计家沥心呕血之作，简练的造型蕴含着浓郁的地域特点和澳大利亚本土多民族的文化。

悉尼是澳大利亚最大的城市和港口，其代表性的建筑是风帆形的海中歌剧院。面对歌剧院的海港大桥，将市区南北两部分连成一体。在主办国的系列邮票中，悉尼这两座代表建筑理所当然会入选。图 28.3 展示了歌剧院的远景，它犹如迎风前进的帆船，画面十分动人。面值 1.5 澳元那枚邮票是港口大桥（图 28.4）。

由 10 枚比赛项目邮票组成的小版张，多彩渐变的底色衬托出钢铁般的运动员的健美。马术、网球、自行车、赛艇几个比赛项目的造型"破格"延伸到边纸上，表现出奥林匹克竞赛的魄力（图 28.5）。

澳大利亚邮政为本届奥运会共发行了 9 套 46 枚邮票，其中 1998 年发行的 12 枚邮票，内容是表彰该国在历届奥运会获得金牌的选手，前文已作介绍。46 枚邮票包括了会徽、主办城市标志性建筑、比赛项目、金牌选手等诸多内容。各套邮票的设计均富有澳大利亚的艺术特色。在邮票面值的制定上，只有 3 枚在 1 个澳元以上，其余均为通信常用的面值，也没有附捐加值，这一点博得集邮界的赞赏。

澳大利亚邮政还发行了 1 枚航空邮资

图28.5

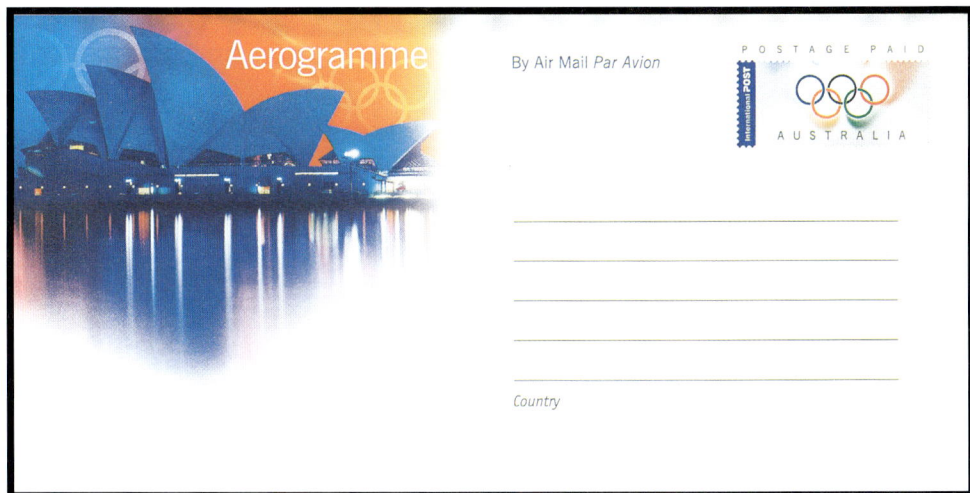

图28.6

已付信封，左侧的配图是悉尼歌剧院的夜景，邮资图是奥运五环（图28.6）。

本届奥运会的新增项目皮划艇障碍和跆拳道，出现在保加利亚发行的"奥运会新增项目"邮票上（图28.7、图28.8）。

图28.7

图28.8

瑞士以印制精细的邮票闻名于世，这次发行的不干胶小本票不仅印制精美，在票图、票形的设计上也有独到之处。5枚圆形的邮票边框颜色与奥运五个环的颜色相同，每枚邮票犹如1个环。人们在贴用时，可按五环的造型和颜色顺序摆放，这个贴票寄信的过程会给用户平添几分乐趣。图28.9是该票的首日封，首日封的图案是压凸的悉尼歌剧院外形，5枚邮票贴成五环式样。首日封将邮票内容、邮票形状、贴票位置、压凸工艺这些"散落"的美，以一个整体呈现出来，使之艺术品位升华到新的层面。瑞士运动员在本届奥运会中取得1金6银2铜的成绩，这套邮票和首日封是对他们最好的褒奖。

图28.9

图28.11

图28.10

图28.12

大洋洲的瑙鲁为本届奥运会发行了一枚邮资明信片，邮资图和背面的画面均为燃烧的火炬和持火炬跑步的人群（图28.10）。

参加本届奥运会的国家和地区共有199个，参赛的运动员有10651人。各项比赛竞争相当激烈。澳大利亚运动员凭借天时地利赢得了16枚金牌、25枚银牌、17枚铜牌，居奖牌榜第4位。澳大利亚邮政发行1套16枚的邮票，褒奖这16位金牌明星。

澳大利亚素来以游泳强国自居，本届奥运会中该国选手不负众望，一举夺得此项目的5枚金牌。其中索普一人荣获男子400米自由泳、4×100米自由泳、4×200米自由泳3枚金牌（图28.11）。男子4×200米自由泳接力的4位金牌选手也荣登了邮票（图28.12）。此外还有男子1500米自由泳冠军哈斯柯

图28.13

图28.14

图28.15

图28.16

特（图 28.13）；女子 200 米自由泳金牌得主奥尼尔（图 28.14）。此外，女子 400 米赛跑金牌明星弗雷曼（图 28.15）；女子 40 公斤级举重冠军布朗斯（图 28.16）等金牌得主都上了邮票。

这套邮票的印制是每 10 枚组成一个小版张，16 枚邮票共 16 个小版张。小版张右侧的边纸上印有"2000 年悉尼奥运会 澳大利亚金奖获得者"以及获奖项目，非常醒目。引起各国集邮者注目的是这套邮票的版别，澳大利亚邮政为了扩大本国金牌选手的影响，鼓励运动员积极竞争，在运动员获奖后最短的时间内推出了这套"即时"金榜邮票。泳星索普夺冠后，距发奖时间不到 24 小时，索普的金牌邮票已经在邮局发售。这种速印速发的"即时邮票"，是用数码技术印刷的。邮政部门事先将邮票图案、刷色、面值等相关文字设计好存入电脑，待选手夺金后，即时将其照片输入票图上。印刷也在电脑操作中运

图28.17

行，最后打齿孔发售。数码版的金牌明星邮票发行后，澳国邮政又发行了同图的胶印版邮票。胶版票的纸质和刷色与数码版都有区别，最明显的是数码版票的右下角边纸上印有考拉等 6 种澳大利亚稀有动物，而胶印版的铭记是澳大利亚地图（图 28.17 边纸的右下角）。

数码版邮票的发行量不详。奥运会结束后，澳大利亚邮政专为数码版票制作邮册出售，装潢考究。数码版票每版 10 枚，面值 4.5 澳元，全套 16 版共 72 澳元。数码版邮票的印刷突破了传统的雕刻版、胶版、影写版等印刷方法，创立了一种新的印刷版别，引起各国集邮者的兴趣。眼下，这套数码版邮票画面虽然不够精细，色彩效果也比影写版稍逊，但随着科技的发展这些欠缺将很快解决。

二十九

2004年第28届雅典奥运会
——希腊纪念邮票创历史新高

  第28届奥运会于2004年8月13日至8月29日在雅典举行。作为现代奥运会发祥地的雅典，本来是看好1996年的第26届奥运会的，这一年正逢奥运百年大庆，雅典申办合乎情理，但却败给了亚特兰大。1997年在瑞士洛桑举行的国际奥委会第106次全会投票结果，雅典击败了罗马、布宜诺斯艾利斯、斯德哥尔摩、开普敦等城市赢得了举办权。奥运会在时隔108年后，又回到了其发祥地希腊。

图29.1

  希腊邮政于2000年9月15日——悉尼奥运会开幕之日便为雅典奥运会发行邮票，此票与澳大利亚联合发行。在近几届奥运会中，当届的主办国与下届主办国联合发行邮票已形成一个惯例，此举象征奥运圣火生生不熄，奥运旗帜永远飘扬。两国联合发行的邮票图案相同，都撷选主办城市的代表性建筑，本次的邮票图为悉尼歌剧院和雅典帕提农神庙（图29.1）。

  同年又发行1套6枚的"会徽"邮票，象征和平友谊的橄榄枝叶图案再次呈现在会徽中（图29.2）。希腊在1989年、1990年发行的申办第26届奥运会邮票中，都

图29.2

印有为 1996 年奥运会设计的会徽，其主图也是橄榄枝。第 28 届奥运会的会徽设计仍延续和平友谊这个主旨，在正方形、富有诗意的蓝色色块上，衬托出白色的橄榄枝花环，花环的下面是希腊文"雅典"

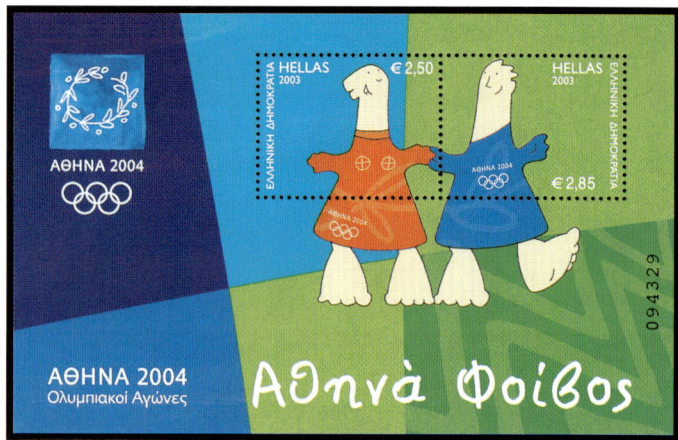

图29.3

2004 和奥运五环。整个会徽色彩洁净图案简练，表达了雅典人民对奥林匹克运动的理解与尊重。

本届奥运会的吉祥物是两个玩偶，这是帕瑞格拉夫设计公司以古希腊陶土雕塑"达伊达拉"为原型设计的，虽然有古希腊文化的渊源，但其造型是用当代动画的手法，塑造出两个脑袋小，脖子长，脚丫大，顽皮活泼、憨态可掬的卡通形象。这两个玩偶一个叫"菲沃斯"，穿橙色衣服的叫"雅典娜"，在希腊神话故事中他们是兄妹俩，雅典娜为智慧女神，菲沃斯是光明和音乐之神。吉祥物的造型表现他们手拉手迈步走的情景，象征世界是一家，亲善共处如兄弟姐妹的理念，反映了奥林匹克和平友好的精神。希腊邮政发行了 2 枚吉祥物小型张（图 29.3），另 1 枚描绘兄妹俩跳水的情景。

足球比赛在历届奥运会上都是引人注目的热点项目，本届奥运会的足球预赛分别在雅典、塞萨洛尼基、伊拉克利翁、帕特雷、沃洛斯 5 个城市举行，决赛地点在雅典。这 5 个城市以承接奥运会足球赛事而上了希腊邮票。塞

图29.4

萨洛尼基是仅次于雅典的希腊北部大城市，建于公元前315年，历史记载了它曾有的商业繁盛，图29.4是塞萨洛尼基市容的极限明信片。伊拉克利翁位于希腊克里特岛北部，这座城市是古代米诺安文化的发源地（图29.5）。帕特雷在希腊南部的伯罗奔尼撒半岛，这个港口在公元前就发展成一个繁华的商业城（图29.6）。这几座历史积淀厚重的城市，古希腊的建筑遗存虽然被现代的高楼大厦遮盖了不少，但仍为奥运会赛事平添了回归的气氛。

希腊邮政为本届奥运会发行的系列邮票，充分发掘希腊独有奥林匹克运动发祥地的历

图29.5

图29.6

图29.7

史优势，邮票画面选材涵盖了古今奥运会丰富的内容。除了表现本届奥运会的会徽、吉祥物、承接赛事的城市风光之外，在这系列邮票中人们还能欣赏到古希腊的体育壁画、雕塑，瞻仰古希腊奥运会的遗址，解读古代奥运会负重赛跑的情景（图29.7），有的邮票再现的古奥会头戴橄榄枝花环的优胜者，唤起今人的崇敬。设计家并没有陶醉在古代奥运会题材的表现上，审美的目光同时转向了今天。当代的奥林匹克题材的艺术作品、制作精良的体育器械（图29.8、图29.9），为希腊争光的奥运选手（图29.10）都展

图29.8

图29.9

图29.10

图29.11

图29.12

示在邮票上。以现代奥运会的比赛项目为图的邮票成千上万，如何不落窠臼独创一格，是体育邮票设计家面临的难题。希腊这套奥运系列邮票中，有 1 套是以写意写实相糅的手法表现竞赛场面的（图29.11），另 1 套有 1 枚邮票的构思非常独到，设计家把体操、举重比赛中常见的准备动作——运动员往手上搽防滑粉的一刹定格在票面上（图29.12），曲折的表现手法令人赞叹不已。

此外，希腊邮政还在2003 年印制发行了小本票，小本票共 9 页，每页

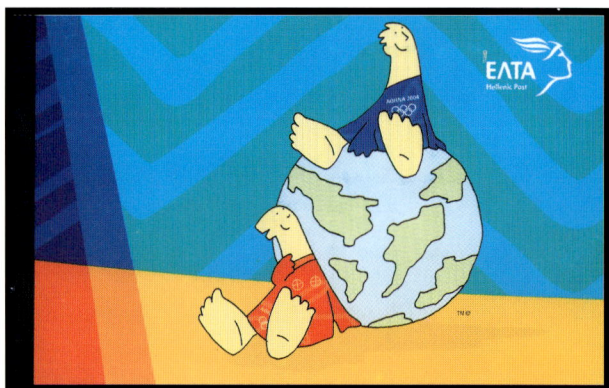

图29.13

含 2～4 枚邮票，共 28 枚。邮票图用吉祥物菲沃斯和雅典娜表现本届奥运会的 28 个比赛项目，画面设计活泼有趣，翻阅小本票犹如看 1 册卡通画小人书。图 29.13 为小本票的封面，图 29.14 是其中的 1 页。

雅典邮局的自动打印售票机（ATM）也设计出新图案，

图29.14

在奥运会期间供邮政用户使用。这种电子邮票的票面中央是长方形框，框内置面值数字，长方框上部是五环，两侧用橄榄枝装饰，票面图案简单，创意欠深。

图29.15

非主办国（或地区）发行的邮票精彩者不胜枚举。俄罗斯的 2 枚邮票突出表现运动员的健与美，并将古奥会的同一项目置于票面的上角，寓意这个项目的历史渊源，两票中间还加 1 枚附票"过桥"，增强画面的表现力度（图 29.15）。特力尼达和多巴哥的 4 枚邮票，以五环的 5 个颜色铺底，与票面上部的白色造成的强烈反差，使整幅票面色彩鲜明而夺目（图 29.16）。美国国际政府级集邮公司（IGP）为巴布亚新几内亚、安提瓜、加纳、圣·文森特、密克罗尼西亚等国（或地区）设计印制的邮票也很富感染力。集邮者看到，奥林匹克邮票设计的优劣，与国之大小、国力强弱并无干系，重要的是以严肃的态度参与。

图29.16

许多国家的邮政机构为本届奥运会发行了邮票并刻制首日纪念邮戳，德国一些邮局在奥运会期间还使用了纪念邮戳盖销普通邮件（图29.17）。

图29.17

参加本届奥运会的 11000 多名选手，来自 201 个国际奥委会会员国。参赛运动员众多，使得竞争更加激烈，希腊选手借助地利人和取得了很好的成绩。为了及时表扬获奖选手，激励后者奋力拼搏，希腊邮政效仿澳大利亚的做法——发行数码版的"即时邮票"，在选手获奖 1～2 天之内即在邮局出售。即时邮票每版含 10 枚票，每枚面值 0.65 欧元，票图均为获奖者的笑貌。随后发行的胶版邮票每小版也是 10 枚票，图案、面值与数码版相同。在"奖牌榜"邮票中，可见男子 81 公斤级柔道、女子双人 470 级帆船、男子体操吊环、女子 20 公里竞走 4 个项目的金牌获得者（图29.18～图29.21）。希腊邮政最后推出 16 位获奖者"大团圆"组成 1 个版张。另外，男子 62 公斤级举重选手桑普帕尼斯（图29.22）因其尿检两次未通过，所获铜牌被收回。男子 20 公里竞走选手（图29.23）因违规，金牌也被收回。为这两人表功的邮票随即取消发行，可是桑普帕尼斯的数码版即时邮票已经售出一些，无法回收，于是这枚邮票的市价扶摇直上。

希腊邮政在本届奥运会开幕的 8 月 13 日，与中国邮政联合发行"从雅典到北京"纪念邮票 2 枚，邮票图为雅典帕提农神庙和北京天坛（图29.24）。

图29.18

图29.19

图29.20

图29.21

图29.22

图29.23

图29.24

希腊借助古奥林匹克运动发源地和现代奥运会复兴地的机缘，为本届奥运会撒开了印邮票。粗略统计，包括小型张在内的不同图案的邮票达106枚，变着花样发行的小型张和小版张约55枚，还有小本票1册以及难以计数的ATM电子邮票，品种和数量都远远超过历届奥运会主办国的发邮量。数量大、花样多带来的后果是面值高，希腊的28届奥运系列邮票1大套的总面值达430多欧元，在国内若想买齐这1大套邮票的话，得花人民币7000多元。集邮家认为，用这笔钱兑成欧元，在欧洲一些邮商那里可以买到希腊1896年为第1届奥运会发行的1套12枚的新票。德国一家专营奥运邮品的邮商在2007年7月拍卖这套邮票，底价600欧元，8月以660欧元成交。希腊1896年的12枚邮票为奥运珍邮，2004年的一些奥运邮票赏心悦目，就收藏价值而言孰高孰低集邮者心明眼亮。

三十

2008年第29届北京奥运会
——方寸纸上的中国奥运之路

　　中国现代的体育运动继承了古老的中华传统体育文明。中华人民共和国的成立，中国体育运动进入新的发展时期。

　　1952年新中国派出代表团参加第15届赫尔辛基奥运会，新中国体育向奥运会迈进了第一步。但在奥运会上出现了"一中一台"两个中国的问题，对此中国奥委会向国际奥委会提出抗议。由于当时的国际奥委会某些负责人承认台湾在国际奥委会中的地位合法，并制造"两个中国"。1956年1月，中国奥委会强烈抗议这种分裂中国的企图，并宣布拒绝参加第16届墨尔本奥运会。为了维护中国领土的统一和完整，中国奥委会于1958年8月宣布断绝与国际奥委会的关系。

　　历史是最公正的裁判官，它能够权威性地颠覆一切错误结论。尽管中国人民为那错误结论已经付出了漫长不公正的20年代价，然而正义之声还是来了。1979年11月，国际奥委会以通信表决的方式进行投票，以绝对压倒的票数恢复了中国奥委会在国际奥委会中的合法席位，就从那时起，中国体育运动开始了全面迈向世界的新步伐，每一个脚步仿佛都踩着一首亮丽的进行曲，五环的旗帜由此展现在中国邮票上。

　　1980年2月，中国体育代表团参加了第13届普来西德湖冬奥会，邮电部发行1套4枚的邮票（图30.1），自此中国邮票开始铭记体育文明古国踏上现代奥运之路的征程。

图30.1

图30.2

是年11月26日是中国奥委会重返国际奥委会1周年的日子，当日发行的5枚纪念邮票设计很有特色，以淡紫、中黄、绿、蓝等朴实的色调，衬托出深褐色的人物形体。人物各部位的关系用"阴线"勾勒，造型呈现了中国古代石刻的风韵（图30.2），幽远的文化艺术和奥林匹克精神融汇于方寸纸上。

1984年，中国体育代表团首次参加重返国际奥委会后的第23届洛杉矶奥运会，邮电部发行6枚邮票和1枚小型张的规格志庆。当时，中国奥林匹克新闻委员会和国家体委宣传司负责人对这套邮票的设计提出建议，票图最好选择成绩较好的项目，如女子射击、跳水、男子跳高、举重、体操等，企望"搞出具有中国特色的体育邮票"。资深的邮票艺术家卢天骄女士在完成"重返奥运会"邮票的设计之后，又投入这套重头邮票的设计。邮票和小型张的主图表现了中国体育的几项优势项目，邮票背景的五色跑道和小型张边纸上的20多个人形图案，均采自马王堆3号汉墓帛书《导引图》，这是中国古代健身体操的图解（图30.3）。这套"具有中国特色的体育邮票"的文化内涵，让

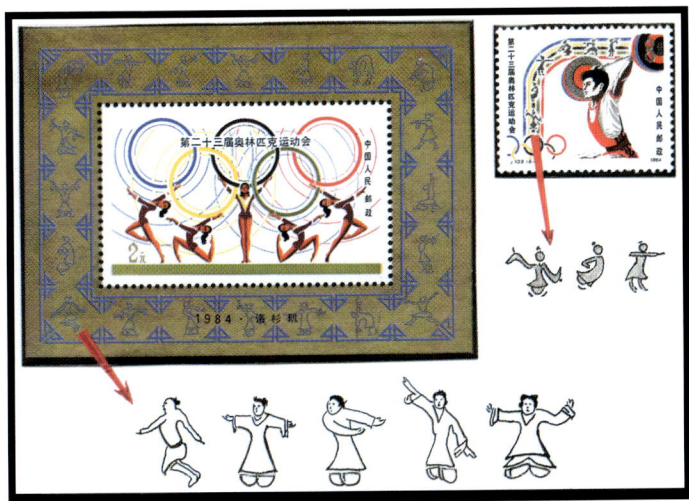

图30.3

人了解到中国古代体育文明的华彩，感悟到有几千年历史的中国体育已经复兴。

在第23届奥运会各项赛事进行期间，邮电部还发行"金牌"邮资明信片。当时只要中国选手夺得1枚金牌，就有1枚相应的纪念明信片传邮各地。中国选手许海峰打破中国在奥运会上奖牌"零"的纪录，为中国争得第一枚奥运金牌，第一枚"金牌"明信片就铭记了这扣人心弦的一刻（图30.4）。

图30.4

图30.5

图30.6

此后，1988年的汉城奥运会、1992年巴塞罗那奥运会、1994年国际奥委会100周年、1996年亚特兰大奥运会和现代奥运会100周年、2000年悉尼奥运会以及奥林匹克集邮展览等重大活动举办时，中国邮政部门均发行纪念邮票和邮资信封、邮资明信片。2004年第28届雅典奥运会开幕之际，中国邮政与希腊邮政联合发行"奥运会从雅典到北京"纪念邮票（图30.5、图30.6），这套邮票向全世界昭示：2008年第29届奥运会将在北京举行。

北京从申奥到争得主办权，走过了一条漫长而曲折的路程。

1991年12月，北京奥申委代表团赴洛桑向国际奥委会递交了举办2000年奥运会的申请书。此后，北京乃至全国各地掀起了争办奥运的热潮，1993年6月23日，邮电部发行"1993国际奥林匹克日"明信片，邮资图为北京申办奥运会标志，

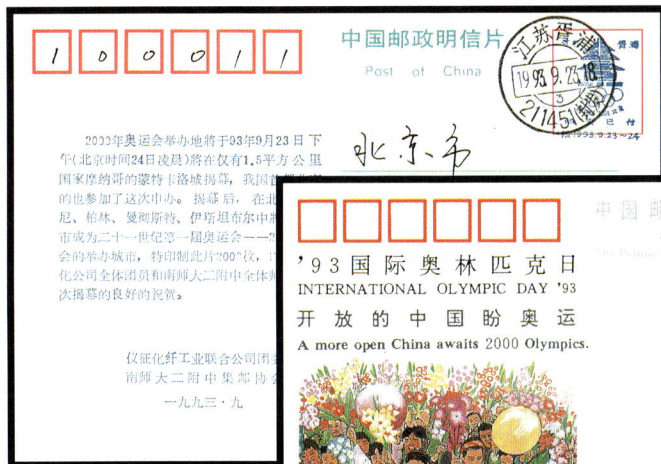

图30.8

图30.7

图30.9

图30.10

左侧的配图是"开放的中国盼奥运"（图30.7）。江苏胥浦邮局还印制了一枚限时使用的邮资已付明信片，以申办奥运标志作邮资已付的符志（图30.8）。6月24日北京凌晨，国际奥委会在蒙特卡罗的投票结果，悉尼争获主办权。这个结果使中国人民的申奥热情滑到最低点，但人们看到只有两票之差，希望还在。

1998年11月，北京提出申办2008年奥运会。此时距第一次申奥已过7年，中国的国力大增。2000年9月在悉尼奥运会举办期间，中国邮政发行1枚普通邮资明信片，把申奥徽志作邮资图（图30.9），此后在全国范围内再次掀起申奥热潮，苏州、抚州等邮局刻制了宣传戳，支持北京申奥（图30.10）。2001年7月13日，国际奥委会在莫斯科举行第112次会议，俄罗斯邮政为这次会议发行1枚邮资信封，邮资图由五环和克里姆林宫构成，左侧的辅图是瓦西里·勃拉仁内大教堂（图30.11）。这枚邮资信封记录了奥运史上一个重要事件：第112次国际奥委会会议投票结果，北京获得2008年第29届奥运会主办权。

图30.11

7月14日中国邮政特别发行"北京2008年奥运会申办成功纪念"邮票，邮票主图为申奥徽志，牡丹花作附票图（图30.12）。香港和澳门邮政同时发行同题、同图、同版式的邮票，附票图分别为紫荆花、荷花。三家邮政把三方的邮票连印成一个版张（图30.13），表达了中国人民对申奥成功的喜悦心情，反映了海内外同胞期盼祖国统一的心声，体现了中华民族的强大凝聚力。

图30.12

图30.13

图30.14

图30.15

图30.16

这一天全国许多大中城市的邮票公司、邮局印制发行了纪念封、邮简，刻制了纪念邮戳，图30.14、图30.15为天津、嘉兴的纪念邮戳；图30.16为仙桃的邮政宣传戳；厦门邮局刻制了133毫米×133毫米的巨型宣传戳，表达人们的喜悦心情（图30.17）。

朝鲜发行了1枚小型张，祝贺北京申奥成功。小型张上的5枚圆形邮票排列成

图30.17

图30.18

图30.19

五环式样，邮票边框的五种颜色与五环的颜色相对应，票图为江泽民在广场上的讲话和中国几位奥运金牌选手（图30.18）。

2005年11月12日，国家邮政局发行"第29届奥林匹克运动会会徽和吉祥物"纪念邮票，全套6枚。票图为2008年奥运会会徽"中国印·舞动的北京"（图30.19）和吉祥物"中国福娃"（图30.20）。这套邮票首次使用科

图30.20

技含量高的第二代防伪邮票纸和防伪荧光油墨印制，体现了北京"科技奥运"的理念。

2006年8月8日——北京奥运会倒计时两周年之际，1套4枚的"第29届奥林匹克运动会项目（一）"邮票问世，票图以奥运项目标识为主体，用反白明快的手法表现出来（图30.21）。

图30.21

图30.22

中国选手自参加1984年第23届洛杉矶奥运会以来，在历届奥运会上共夺得114枚金牌，在许多国家（或地区）发行的"奥运金牌"邮票里，可以看到吴数德、马艳红、李宁、许艳梅、伏明霞（图30.22）、王军霞（图30.23）、邓亚萍、林莉（图30.24）、曾国强、田秉义、李小双等人以及中国女排的矫健身姿（图30.25）。深信还会有更多的中国金牌选手呈现在外国邮票上，还将有更多的外国邮票刻录中国在奥运之路上的光辉足迹。朝

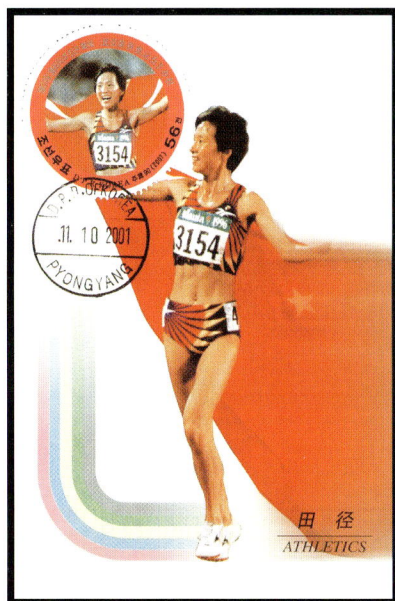

图30.23

鲜为2008年北京奥运会发行两枚VCD光盘邮票，图面为中国和朝鲜的获奖运动（图30.26），另一面可放映"阿里郎"影像及乐曲。美洲的海地发行织锦邮票，工艺极细（图30.27）。这些新材质、新工艺的邮票，不仅为奥运

图30.24

图30.25

图30.26a　　　　　　　　　　　图30.26b

图30.27

纪念品收藏者、2008北京奥运会专题邮集编组者提供珍稀的藏品，更为奥林匹克邮票史写下新的一页。

2007年8月8日，距北京奥运会开幕还有一周年的时候，国家邮政局推出"第29届奥林匹克运动会项目（二）"1套6枚邮票和3套以福娃为主图邮资明信片。在此之前还发行了会徽、火炬图的个性化邮票。据悉，奥运各比赛场馆和"鸟巢"小型张等邮票也将展示在邮票上。中国邮票以最出色的设计，纪念这届在北京举办的历史上最出色的奥运会，为中国奥运之路增光添彩。

参 考 文 献

[1]〔德国〕MICHEL EUROPA-KATALOG (West).

[2]〔德国〕MICHEL EUROPA-KATALOG (Ost).

[3]〔德国〕MICHE ÜBERSEE-KATALOG.

[4] 樊渝杰 . 夏季奥运史话 . 北京：清华大学出版社，2004.

[5] 伍海 . 奥林匹克运动百科全书 . 北京：中国大百科全书出版社，2000.